Die 100 besten
Säfte & Smoothies

Sarah Owen

Die 100 besten Säfte & Smoothies

Energie und Wohlbefinden für jeden Tag

h.f.ullmann

Deutsche Übersetzung: Annette Mader, Köln
Satz: ce redaktionsbüro für digitales publizieren, Heinsberg
Redaktion: Sandra Frings
Coverfoto: Fotolia

Gesamtherstellung: Ullmann Medien GmbH, Rheinbreitbach

ISBN 978-3-7415-2059-4

10 9 8 7 6 5 4 3

www.ullmannmedien.com

FSC www.fsc.org
MIX
Papier aus verantwortungsvollen Quellen
FSC® C129466

Hinweis: Die Informationen in diesem Buch stellen keinesfalls eine ärztliche Beratung oder Empfehlung und auch keinen Ersatz für eine ärztliche Beratung oder Behandlung dar. Bevor Sie den Anweisungen oder Rezepten in diesem Buch folgen, ist es ratsam, einen Arzt zu konsultieren, insbesondere wenn eine Schwangerschaft vorliegt, während der Stillzeit, bei Allergien oder wenn Sie unter Beschwerden leiden, bei denen Sie sich unsicher sind, ob eine bestimmte Behandlung für Sie geeignet ist. Der Verlag, die Autorin und alle anderen bei der Erstellung dieses Buches beteiligten Personen übernehmen keine Haftung weder für etwaige fehlerhafte oder fehlende Informationen in Texten und Rezepten noch für Probleme, die nach der Zubereitung der Rezepte oder bei Befolgung der in diesem Buch enthaltenen Ratschläge auftreten können. Alle Lebensmittel und Rezepte in diesem Buch sind ausschließlich für Erwachsene geeignet.

Hinweis zu den Rezepten
Benutzen Sie mittelgroße, frische Eier. Sofern nicht anders angegeben, sollten immer frische Kräuter verwendet werden.

INHALT

SYMBOLE

- laktosefrei
- ohne Nüsse und Samen
- ohne Zitrusfrüchte
- fettfrei
- kalorienarm
- kilojoulearm
- glykämischer Index < 55
- glykämische Last < 10
- Schönheit plus

Einleitung

Frisch zubereitete Säfte erfreuen sich heute aus vielen Gründen größter Beliebtheit. Der wichtigste Grund ist, dass sie köstlich schmecken, vor allem, da man jedes Rezept dem eigenen Geschmack anpassen kann. Außerdem stecken frische Säfte voller Vitamine, Mineralien, Antioxidantien, Spurenelemente und Pflanzennährstoffe, dank derer wir uns gesünder fühlen und besser aussehen. Sie zu trinken ist ein schneller Weg, die täglich empfohlenen fünf bis sieben Portionen Obst und Gemüse zu sich zu nehmen. Und nicht zuletzt sind hausgemachte Säfte frei von gesundheitsschädigenden Zusätzen, künstlichen Aromen und Konservierungs- sowie Farbstoffen.

PLUSPUNKT FÜR DIE GESUNDHEIT

Industriell gefertigte Säfte bestehen oft zu 90 Prozent aus Wasser, enthalten viel Zucker und/oder Süßstoffe und künstliche Aromen. „Reine" Säfte sind meist verlängerte Konzentrate, die hitzebehandelt wurden, um ihre Haltbarkeit zu verlängern. Sie enthalten nur noch wenige Nährstoffe.

Und selbst „frisch gepresste" Säfte stehen bereits seit mehreren Stunden, wenn nicht sogar Tagen, im Regal und enthalten weniger Nährstoffe als frisch zubereitete Säfte, da viele Vitamine absterben, wenn sie Licht, Wärme und Luft ausgesetzt sind. Nur frisch zubereitete Säfte versorgen den Körper mit Nährstoffen, die er sofort verarbeiten kann. Rohe Säfte, auf leeren Magen getrunken, sind bereits nach 15 Minuten im Blutkreislauf nachweisbar. Sie enthalten zudem viele Enzyme, die der Verdauung und Nahrungsverwertung dienen. Sie stellen den bestmöglichen Stoffwechsel und einen hohen Energiespiegel sicher. Beim Kochen von Obst und Gemüse werden diese Enzyme vernichtet, beim Entsaften dagegen bleiben sie erhalten. Ein anderer wichtiger Vorteil ist, dass rohe Säfte nur wenig Fett enthalten, einige von ihnen sogar gar keins.

PLUSPUNKT FÜR DIE SCHÖNHEIT

Da Schönheit auch von innen kommt, ist es ebenso wichtig, den Körper von innen zu reinigen wie von außen. Obst und Gemüse enthalten Nährstoffe, die ihn von Toxinen befreien und somit zu einer reineren Haut mit weniger Unreinheiten führen. Das regelmäßige Trinken nährstoffreicher Säfte verleiht uns gesünderes Haar und schönere Nägel – und das, ohne dass wir Geld für Schönheitsprodukte ausgeben müssen. Stress, Krankheiten und Schlafmangel fordern ihren Tribut an unser Aussehen, und darum sind Säfte, die den Stress abbauen und das Immunsystem stärken, für uns so wohltuend. Schließlich können wir auch unsere Pfunde purzeln sehen, wenn wir uns für kalorienarme, fettverbrennende Säfte entscheiden. Noch dazu schmecken sie köstlich!

WELCHER SAFT?

Smoothies sind sättigend und bilden eine gute Alternative zum Frühstück. Kinder ziehen süße Säfte auf Fruchtbasis oder Smoothies mit Bananen vor. Rekonvaleszenten können oft ein halbes Glas besser vertragen als ein ganzes.

Die Rezepte sind in acht Kapitel mit unterschiedlichen Schwerpunkten unterteilt. Die „Entgifter" spülen die schwächenden Toxine aus unserem Körper und werden am besten auf leeren Magen getrunken. Die „Schlankmacher" enthalten nur wenig Fett und Kalorien und unterstützen den Körper bei der Fettverbrennung. Die „Energieverstärker" beleben uns jederzeit bei Energieeinbrüchen. Die „Stressknacker" enthalten Nährstoffe, die für ihre beruhigenden Eigenschaften bekannt sind und wirken zur Schlafenszeit besonders gut. Die in den „Anti-Aging-Mitteln" enthaltenen Pflanzennährstoffe schützen die Haut vor Schäden durch freie Radikale und reduzieren die Faltenbildung. Die „Verdauungshelfer" lindern Verdauungsbeschwerden und sind auch für einen empfindlichen Magen geeignet. Die „Immunverstärker" enthalten Vitamine, Mineralien und Pflanzennährstoffe, die dem Körper helfen, freie Radikale, Viren, Bakterien und sogar Krebszellen zu zerstören. Die „Helfer für Geist und Seele" bringen den Chemiehaushalt des Gehirns ins Gleichgewicht und verbessern Erinnerungs- und Konzentrationsvermögen.

WELCHER ENTSAFTER?

Es gibt zahlreiche verschiedene Entsafter auf dem Markt. Grundsätzlich reduzieren sich die Unterschiede jedoch auf diese Frage: Presse oder Zentrifuge? Letztere ist die preiswertere Alternative. Sie dreht Obst oder Gemüse um eine gezackte Klinge und presst den Saft durch einen Filter. Der Fruchtbrei verbleibt in der Maschine oder wird in einen getrennten Behälter geschüttet. Eine Saftpresse ist in der Regel größer und schwerer. Die Zutaten werden zwischen zwei Walzen gepresst und durch ein Drahtgeflecht gedrückt. Auf diese Weise erhält man mehr Saft. Zudem ist ein Entsafter mit einem Ausgießer eine gute Wahl. Sie können den Saft so direkt in einem Glas auffangen. Für einen Smoothie benötigen Sie einen Mixer, der die Zutaten mithilfe einer rotierenden Klinge in einem Glas- oder Plastikkrug mixt.

DIE OPTIMALE LAGERUNG

Da der Nährwert der meisten Obst- und Gemüsesorten mit der Zeit sinkt, sollten sie vor dem Entsaften nicht zu lange gelagert werden. Allerdings bleiben im Kühlschrank oder Tiefkühlfach mehr Nährstoffe erhalten. Ausnahmen bilden Zitrusfrüchte und Bananen, die bei Raumtemperatur gelagert werden sollten. Verwenden Sie Bananen, wenn ihre Schale gelb wird. Auch Avocados reifen bei Zimmertemperatur, sollten dann aber sofort verbraucht oder im Kühlschrank aufbewahrt werden. Lagern Sie Nüsse und Samen in einem luftdichten Gefäß an einem trockenen, dunklen Ort.

VOR- UND ZUBEREITUNG

Waschen Sie Obst und Gemüse erst kurz vor dem Entsaften unter fließendem Wasser. Entfernen Sie bei Wurzelgemüse Sand und Erde mit einer Bürste. Bei Bio-Ware genügt ein kurzes Abspülen. Avocado, Ananas, Mango, Papaya, Melone, Orange, Zitrone, Limette, Banane oder Yamswurzel müssen geschält werden. Apfel, Aprikose, Birne, Pflaume, Pfirsich oder Salatgurke können mit Schale entsaftet werden. In jedem Rezept können Sie aus der Zutatenliste ersehen, ob das Obst oder Gemüse geschält werden soll. Dies gilt jedoch nicht für die Karotte, die, sofern es sich nicht um Bio-Ware handelt, immer geschält wird.

Um zu verhindern, dass weiche Früchte wie Pfirsiche oder Pflaumen zu Brei werden und die Zentrifuge verstopfen, geben Sie sie abwechselnd mit festeren Früchten in den Entsafter. Blattzutaten wie Spinat oder Brunnenkresse sollten Sie einzeln um ein Gemüse- oder Fruchtstück wickeln. Ist der Fruchtbrei noch ziemlich feucht, können Sie ihn erneut entsaften. Sind alle Zutaten entsaftet, muss der Saft gut umgerührt werden. Nüsse oder Samen jetzt darüberstreuen und den Saft sofort trinken.

Reinigen Sie den Entsafter nach jedem Entsaften gründlich in warmer Seifenlauge. Um Verfärbungen an den weißen Plastikteilen des Entsafters durch Obst oder Gemüse zu entfernen, werden sie zunächst eingeweicht und anschließend mit einer Lösung aus einem Teil Weißweinessig und zwei Teilen Wasser abgebürstet.

NÜTZLICHE INFORMATIONEN

- Jedes Rezept ist für etwa zwei Portionen ausgelegt. Die tatsächliche Menge kann allerdings abhängig von Größe, Reife und Saftgehalt der Zutaten variieren.

- Verzichten Sie darauf, überreifes und fleckiges Obst oder Gemüse zu verwenden. Es schmeckt nicht gut und enthält nur noch wenige Nährstoffe. Für einen optimalen Gesundheitseffekt sollten Sie hochwertige Bio-Produkte wählen.

- Manche Menschen verspüren einen erhöhten Harndrang und leichte Kopfschmerzen, wenn sie beginnen, frische Säfte zu trinken. Dies liegt an der diuretischen Wirkung vieler Säfte und den Toxinen, die den Körper verlassen, und ist völlig normal. Trinken Sie viel Wasser, um das Ausspülen der Toxine zu unterstützen. Nach einigen Tagen hat sich der Körper an die entgiftende Wirkung der Säfte gewöhnt und die Symptome verschwinden.

Apfel, Zitrone & Limette

NÄHRSTOFFE
Vitamine C, K, Betacarotin, Folsäure; Calcium, Kalium, Magnesium, Phosphor; Bioflavonoide; Apfelsäure; Zitronensäure; Pektin

Um eine reinigende Wirkung zu erzielen, trinken Sie diesen Saft morgens auf nüchternen Magen.

Äpfel enthalten den wasserlöslichen Ballaststoff Pektin, der Leber und Nieren bei der Ausspülung von Cholesterin, Giftstoffen und Schwermetallen unterstützt. Die Ausscheidung der Schadstoffe wird durch die Zitronensäure verstärkt. Zitronen fördern die Bildung der Magensäure und haben eine leicht abführende Wirkung. Zitronen und Limetten sollten immer bei Zimmertemperatur gelagert werden, da sie dann mehr Saft ergeben.

Wenn Sie etwas Zitronen- und Limettenschale in den Saft reiben, wird er noch zitroniger.

REZEPT

4 Äpfel, in Spalten
1 Zitrone, geschält und geviertelt
2 Limetten, geschält und geviertelt

Die Fruchtstücke abwechselnd in den Entsafter geben und entsaften. Sofort trinken.

Honigmelone, Limette & Kirschen

Erfrischend und entgiftend zugleich ist dieser Saft als alkoholfreier Aperitif zu empfehlen.

NÄHRSTOFFE

Vitamine B3, B6, C, Folsäure; Calcium, Kalium, Magnesium, Phosphor; Bioflavonoide; Zitronensäure

Dank ihres hohen Wassergehaltes wurde die Honigmelone schon vor Jahrhunderten in Indien als Diuretikum eingesetzt. Außerdem enthält sie zahlreiche Verdauungsenzyme. Die Limette verleiht dem Saft den Zitrusgeschmack und verstärkt die entgiftende Wirkung. Kirschen wurden von den Indianern traditionell zur Reinigung der Nieren und zur Beruhigung des Magens eingesetzt. Je mehr Kirschen Sie zugeben, desto cremiger wird der Saft.

REZEPT

1 Honigmelone, geschält, entkernt und grob gewürfelt
1 Limette, geschält und geviertelt
25 Kirschen, entsteint

Melonen- und Limettenstücke sowie Kirschen abwechselnd in den Entsafter geben und entsaften. Umrühren und sofort trinken.

003

Grapefruit-Erdbeer-Crush

Ein erfrischender und reinigender Saft – perfekt für den Sommer.

NÄHRSTOFFE
Vitamine B2, B3, B5, B6, C, K, Betacarotin, Folsäure; Jod, Kalium, Kupfer, Magnesium, Mangan; Bioflavonoide; Pektin

Die Säure der Grapefruit kontrastiert mit der Süße der Erdbeeren, sodass dieser Crush eine wahre Gaumenfreude ist. Außerdem wirkt er stark entgiftend. Die Grapefruit enthält viel Pektin, einen Ballaststoff, der die Ausscheidung von Giftstoffen unterstützt, während Erdbeeren reich an Vitamin C, Kalium und Ballaststoffen sind, die dem Körper beim Abbau von Schadstoffen helfen. Ein großartiger Frühstückssaft.

REZEPT

1 Grapefruit, geschält und filetiert
300 ml Wasser, zu Eiswürfeln gefroren
10 Erdbeeren, entstielt

Grapefruitstücke und Erdbeeren in den Entsafter geben und entsaften. Das Eis im Mixer zerkleinern und den Grapefruit-Erdbeer-Saft zugießen. Alles weitermixen, bis die Erdbeeren cremig sind. Sofort trinken.

040

Zitrone, Apfel, Trauben & Aprikose

Als ultimative Leberentgifter machen diese fantastischen Vier Ihrer Trägheit ein Ende.

NÄHRSTOFFE

Vitamine B1, B2, B3, B5, B6, C, K, Betacarotin, Biotin, Folsäure; Calcium, Eisen, Kalium, Magnesium, Mangan, Phosphor, Selen, Zink; Bioflavonoide; Apfelsäure; Zitronensäure; Pektin; Tryptophan

Der Vitamin-C-Gehalt dieser Früchte spült den Alkohol aus Ihrem Körper, während die harntreibende Wirkung von Zitronen und Äpfeln diesen Saft zu einem wirkungsvollen Entgifter macht. Trauben haben eine reinigende Funktion und ihr hoher Zuckergehalt füllt Energiedepots wieder auf. Aprikosen sind ein natürlicher Süßstoff und wirken abführend. Greifen Sie zu orangefarbenen Aprikosen. Sie enthalten mehr Nährstoffe und sind süßer als die blassgelben Sorten.

Rote Trauben enthalten mehr Antioxidantien als die grünen Sorten.

REZEPT

- **3 Zitronen, geschält und geviertelt**
- **2 Äpfel, in Spalten**
- **25 rote, kernlose Trauben**
- **3 Aprikosen, halbiert und entsteint**

Fruchtstücke und Trauben abwechselnd in den Entsafter geben und entsaften. Umrühren und sofort trinken.

Kohl, Karotte & Preiselbeeren

NÄHRSTOFFE
Vitamine B1, B2, B6, C, E, K, Betacarotin, Folsäure; Calcium, Chrom, Eisen, Jod, Kalium, Magnesium, Mangan, Phosphor

REZEPT

½ Kohlkopf, Blätter abgelöst und Strunk grob gewürfelt
3 große Karotten, grob gewürfelt
40 Preiselbeeren

Die Kohlblätter einzeln um die Kohl- und Karottenwürfel wickeln, abwechselnd mit je einigen Preiselbeeren in den Entsafter geben und entsaften. Umrühren und sofort trinken.

Dieser „Krautsalat im Glas“ ist ein kräftiger Entgifter mit sehr viel Vitamin C.

Untersuchungen haben ergeben, dass die im Kohl enthaltenen Stoffe stark entgiftend wirken. Auch die Nährstoffe der Karotte fördern die reinigenden Prozesse. Dank der antibakteriell wirkenden Substanzen und Gerbsäuren der Preiselbeere kann dieser Saft Harnwegsinfektionen vorbeugen und heilen. Wählen Sie frische, dunkelrote Beeren, denn sie enthalten mehr dieser heilsamen Komponenten.

Rote Bete, Grapefruit & Limette

Entschlacken Sie Ihren Körper mit dieser harmonischen Mischung aus scharf und süß.

Rote Bete wird schon seit Jahrhunderten als Entgifter und Blutreiniger genutzt und heutzutage von den Naturheilkundlern als Darmputzer empfohlen. Die Grapefruit enthält chemische Substanzen, die die Bildung eines Entgiftungsenzyms fördern. Dieses Enzym nutzt die Leber, um giftige Verbindungen wasserlöslich zu machen und sie so aus dem Körper zu spülen. Limetten haben eine alkalische Wirkung, die ebenfalls der Entschlackung dient.

NÄHRSTOFFE

Vitamin C, Betacarotin, Biotin, Folsäure; Calcium, Eisen, Kalium, Magnesium, Mangan, Phosphor; Bioflavonoide; Zitronensäure; Lycopin; Pektin

Meiden Sie Grapefruitsaft, wenn Sie Medikamente einnehmen. Er kann deren Wirkung verstärken.

REZEPT

- **3 kleine Rote Bete, gewürfelt**
- **1 Grapefruit, geschält und filetiert**
- **2 Limetten, geschält und geviertelt**

Rote-Bete-, Grapefruit- und Limettenstücke abwechselnd in den Entsafter geben und entsaften. Umrühren und sofort trinken.

007

Rote Bete, Karotte & Apfel

NÄHRSTOFFE
Vitamine B, C, K, Betacarotin, Biotin, Folsäure; Calcium, Chrom, Eisen, Kalium, Magnesium, Mangan, Phosphor; Apfelsäure; Pektin

Das Pigment Betacyanin verleiht der Roten Bete ihre rote Farbe und kann auch den Urin rosa oder orange verfärben.

Vollgepackt mit entschlackenden Inhaltsstoffen ist dieser leuchtend rote Saft der ultimative Entgifter.

Viele Nahrungsmittel und Alkohol überlasten den Körper, führen zu Lethargie und Völlegefühl. Gehen Sie mit diesem Saft dagegen an; er enthält drei der besten natürlichen Entgifter.

Rote Bete Reinigend für Magen, Leber und Verdauungstrakt, enthält sie ein regelrechtes Kraftwerk an Nährstoffen, die besonders effektiv wirken, wenn sie roh gegessen oder als Saft getrunken werden. Rote Bete ist reich an Biotin, einem wasserlöslichen B-Vitamin, das eine Schlüsselrolle in der Umwandlung von Proteinen, Fetten und Kohlehydraten spielt.

REZEPT

3 kleine Rote Bete, grob gewürfelt
2 große Karotten, grob gewürfelt
2 Äpfel, in Spalten

Rote-Bete-, Karotten- und Apfelstücke abwechselnd in den Entsafter geben und entsaften. Umrühren und sofort trinken.

Karotte Einer der besten Entgifter unter allen Gemüsesorten. Sie unterstützt die Funktionen der Leber, der Nieren und des Verdauungssystems. Roher Karottensaft ist ein schonendes Heilmittel gegen Wasseransammlung, Völlegefühl, Verdauungsträgheit und ein allgemeines Müdigkeitsgefühl.

Apfel Ein einziger ungeschälter Apfel versorgt uns mit mehr als zehn Prozent unseres täglichen Ballaststoffbedarfs. Verwenden Sie rote Äpfel für süßen und grüne für einen etwas herberen Geschmack.

ZUBEREITUNGSTIPPS

- Wählen Sie feste Rote Bete mit weicher Haut und kräftiger Farbe. Kleine bis mittlere Knollen schmecken süßer als große.
- Tragen Sie Latexhandschuhe, um Verfärbungen Ihrer Haut beim Schneiden der Roten Bete zu verhindern. Sollten sich dennoch Finger oder Nägel verfärben, reiben Sie die Flecken mit einer Zitronenscheibe ein.
- Untersuchungen haben ergeben, dass Karotten Pestizide in ihrer Schale absorbieren. Daher sollten Sie sie vor dem Entsaften immer schälen, es sei denn, Sie verwenden Bio-Karotten.
- Im Kühlschrank bleiben Äpfel ungefähr einen Monat lang fest und knackig.

Karotte, Zitrone & Leinöl

NÄHRSTOFFE
Vitamine C, K, Betacarotin, Folsäure; Calcium, Chrom, Eisen, Kalium, Magnesium; Alpha-Linolensäure; Bioflavonoide; Lignane; Zitronensäure; Omega-3-Fettsäuren und Omega-6-Fettsäuren

Ein Saft, der Ihr träges Verdauungssystem in Schwung bringen wird.

Karotten und Zitronen sind ein gutes Team zur Entgiftung, denn ihre reinigenden Nährstoffe arbeiten bestens zusammen, und der in den Karotten enthaltene Zucker mildert die Schärfe der Zitronen. Diese köstliche Kombination macht das Leinöl schmackhafter. Die Zugabe des Öls verstärkt mit seiner sanften Wirkung auf den Verdauungsprozess den reinigenden Effekt. Leinöl ist außerdem reich an Alpha-Linolensäure, einer wichtigen essenziellen Fettsäure.

REZEPT

4 große Karotten, gewürfelt
2 Zitronen, geschält und geviertelt
1 EL Leinöl

Karotten- und Zitronenstücke abwechselnd in den Entsafter geben und entsaften. Das Öl unterrühren und sofort trinken.

Salatgurke, Stangensellerie & Brokkoli

Dieser leuchtend grüne Supersaft ist ein hervorragender Reinigungscocktail und sehr gesund.

NÄHRSTOFFE
Vitamine B1, B2, B3, B5, B6, C, E, Betacarotin, Folsäure; Calcium, Eisen, Kalium, Kieselerde, Magnesium, Mangan, Phosphor, Zink; Tryptophan

Die Kombination der drei grünen Gemüsesorten ergibt einen extrem kräftigen Entgifter. Ascorbin- und Kaffeesäure der Salatgurke verhindern Wasseransammlungen, während ihr hoher Wassergehalt den Körper gleichzeitig rehydriert. Roher Stangenselleriesaft wirkt Wunder gegen Aufgedunsenheit und hebt durch Alkohol verursachte Gärungsprozesse auf. Brokkoli dagegen reinigt die Eingeweide und stimuliert die Leber.

REZEPT

1 Salatgurke, grob gewürfelt
3 Stangensellerie, in Stücke geschnitten
2 mittelgroße Brokkoli, grob gewürfelt

Die Gemüsestücke abwechselnd in den Entsafter geben und entsaften. Umrühren und sofort trinken.

Die alten Griechen nutzten die Blätter der Selleriepflanzen als Lorbeerkranz, um ihre Athleten zu ehren.

Tomate, Zwiebel & Zitrone

NÄHRSTOFFE
Vitamine B1, B2, B3, B5, B6, C, E, K, Betacarotin, Folsäure; Calcium, Chrom, Eisen, Kalium, Kupfer, Magnesium, Mangan, Phosphor, Schwefel; Bioflavonoide; Zitronensäure; Tryptophan

REZEPT

4 große Tomaten, in Spalten
1 Zwiebel, geschält und in Spalten
2 Zitronen, geschält und geviertelt

Tomaten-, Zwiebel- und Zitronenstücke abwechselnd in den Entsafter geben und entsaften. Umrühren und sofort trinken.

Dieses Zutatentrio ist gesund, entgiftet den Körper und bringt ihn wieder ins Gleichgewicht.

Tomaten bestehen zu 90 Prozent aus Wasser, neutralisieren Säuren und wirken bei Leberentzündungen heilsam. Zwiebeln sind reich an gesundheitsfördernden Schwefelverbindungen, die nicht nur für ihren beißenden Geruch verantwortlich sind, sondern auch das Ausspülen von Schwermetallen und Giften aus dem Körper unterstützen. Die Zitrone verstärkt die reinigende Wirkung des Saftes und mildert den scharfen Zwiebelgeschmack.

011

Brunnenkresse, Salatgurke, Brokkoli & Estragon

Dieser pfeffrige Saft reinigt das Verdauungssystem.

Brunnenkresse ist eines der besten Lebensmittel zur Blutreinigung und wirkt schleimlösend. Auch die Gurke wirkt reinigend und die Nährstoffe des Brokkolis aktivieren die körpereigenen Selbstheilungs- und Entgiftungsprozesse. Für den besonderen Geschmack sorgt das lakritzartige Aroma das Estragons. Dieses Gewürz enthält Jod, unterstützt damit die Verdauung und beschleunigt die Ausscheidung von Toxinen.

Wenn Ihnen der Saft zu scharf ist, können Sie ihn mit der gleichen Menge Wasser verdünnen.

NÄHRSTOFFE

Vitamine B1, B2, B3, B5, B6, C, E, K, Betacarotin, Folsäure; Calcium, Eisen, Jod, Kalium, Magnesium, Mangan, Phosphor, Zink; Tryptophan

REZEPT

2 mittelgroße Brokkoli, grob gewürfelt
½ Salatgurke, grob gewürfelt
1 großer Bund Brunnenkresse
8 frische Estragonblätter

Brokkoli- und Salatgurkenstücke abwechselnd in den Entsafter geben und entsaften. Den Saft mit Brunnenkresse und Estragon in einen Mixer gießen und cremig mixen. Sofort trinken.

Apfel, Aprikose & Zimt

NÄHRSTOFFE
Vitamine B2, B3, B5, C, K, Betacarotin; Calcium, Eisen, Kalium, Magnesium, Mangan, Phosphor, Zink; Apfelsäure; Pektin; Tryptophan

Dieser natürlich süße, nahrhafte Saft ist ein gesunder Weg, den Hunger auf Süßes zu stillen.

Äpfel verdanken ihre natürliche Süße der Fruktose, einem einfachen Zucker, den der Körper nur langsam abbaut. Kombiniert mit reichlich Ballaststoffgehalt bleibt der Blutzuckerspiegel stabil und Gelüste nach Süßem werden verhindert. Aprikosen sind köstlich und sättigend, während Zimt ätherische Öle enthält, die den Körper bei der Verwertung des Blutzuckers unterstützen. Dies verhindert das Absinken des Blutzuckerspiegels, was zu Müdigkeit und vor allem zu Heißhunger auf eine kalorienhaltige Mahlzeit führt.

REZEPT

4 Äpfel, in Spalten
3 Aprikosen, halbiert und entsteint
½ TL Zimtpulver

Apfelstücke und Aprikosenhälften in den Entsafter geben und entsaften. Umrühren. Mit Zimt bestreuen und sofort trinken.

Apfel, Trauben & Granatapfel

Ballaststoffreiche Früchte mit einem hohen Wassergehalt sind hervorragende Helfer bei einer Diät.

Untersuchungen haben ergeben, dass das in Äpfeln enthaltene Pektin den Appetit wirkungsvoller zügelt als jeder andere Ballaststoff. Der hohe Wassergehalt der Trauben unterstützt die Gewichtsreduzierung, weil er den Körper rehydriert und so den Stoffwechsel beschleunigt – je schneller der Stoffwechsel arbeitet, desto schneller verbrennen wir Kalorien und beschleunigen damit den Gewichtsverlust.

NÄHRSTOFFE

Vitamine B1, B3, B6, C, E, K, Betacarotin, Biotin, Folsäure; Calcium, Kalium, Magnesium, Mangan, Phosphor, Selen, Zink; Apfelsäure; Pektin

REZEPT

4 Äpfel, in Spalten
25 kernlose Trauben
1 Granatapfel, halbiert

Apfelspalten und Trauben abwechselnd in den Entsafter geben und entsaften. Mit einem Holzlöffel die Samen aus dem Granatapfel lösen und zum Saft geben. Umrühren und sofort trinken.

In der Mythologie steht der Granatapfel für Leben, Fruchtbarkeit und Kinderreichtum.

Pflaume, Birne & Feige

NÄHRSTOFFE
Vitamine B2, C, Betacarotin, Folsäure; Calcium, Eisen, Jod, Kalium, Kupfer, Magnesium, Mangan, Phosphor; Tryptophan

Schalten Sie den quälenden Hunger mit dieser ballaststoffreichen Mischung einfach aus.

Pflaumen enthalten reichlich natürlichen Zucker und Ballaststoffe. Sie rufen ein angenehmes Sättigungsgefühl hervor und bewahren Sie davor, zu viel zu essen. In einer Studie wurde nachgewiesen, dass Frauen, die deutlich mehr ballaststoffreiche Kost zu sich nahmen als vor der Studie, weniger aßen, ohne dass sie mehr Hunger gehabt hätten. Die leicht verdaulichen Birnen enthalten Pektin und senken den Cholesterinspiegel. Feigen sind die besten pflanzlichen Calciumlieferanten und werden häufig als Teil eines Diätprogramms empfohlen.

Wie Nektarinen und Pfirsiche sind auch Pflaumen Steinobst – Früchte mit einem harten Stein, der ihre Samen umhüllt.

REZEPT

4 Pflaumen, halbiert und entsteint
3 große, reife Birnen, grob gewürfelt
2 Feigen

Die Fruchtstücke abwechselnd mit den Feigen in den Entsafter geben und entsaften. Umrühren und sofort trinken.

015

Wassermelone, Pfirsich & Granatapfel

Auf Eis serviert ist dieser süße und cremige kalorienarme Saft besonders erfrischend.

NÄHRSTOFFE
Vitamine B1, B3, B6, C, E, Betacarotin, Folsäure; Calcium, Kalium, Magnesium, Phosphor; Bioflavonoide

Melonen sind ein hervorragendes Diuretikum. Wenn man die Samen mit dem Fruchtfleisch entsaftet, erhöht sich der Ballaststoffgehalt und damit das Sättigungsgefühl. Auch Pfirsiche wirken harntreibend, reinigen den Verdauungstrakt und unterstützen die Gewichtsabnahme. Um eine cremigere Konsistenz zu erhalten, entsaften Sie den Granatapfel mit den anderen Früchten.

REZEPT

½ Wassermelone, geschält und grob gewürfelt
2 Pfirsiche, entsteint und geviertelt
1 Granatapfel, halbiert

Wassermelonen- und Pfirsichstücke abwechselnd in den Entsafter geben und entsaften. Die Granatapfelsamen mit einem Holzlöffel herauslösen und in den Saft geben. Sofort trinken.

016

Grapefruit, Melone & Himbeeren

NÄHRSTOFFE
Vitamine B2, B3, B6, C, Betacarotin, Folsäure; Calcium, Kalium, Kupfer, Magnesium, Mangan, Phosphor, Zink; Bioflavonoide; Pektin

Nährstoffreich, durstlöschend und kalorienarm.

Eine erfolgreiche Diät setzt ein hohes Flüssigkeitslevel des Körpers voraus. Dies verhindert, dass der Körper Durst mit Hunger verwechselt, und erhöht die Effektivität der Verdauung. Die in der Melone enthaltene Fruktose liefert eine sofortige Energiequelle. Der süße Himbeersaft mildert die Säure der Grapefruit und enthält Ballaststoffe ebenso wie Calcium, ein bedeutendes Spurenelement zur Gewichtsreduzierung, denn es fördert die Fettverbrennung.

Himbeeren enthalten Ellagsäure, ein Antioxidans, das in hohem Maße das Krebsrisiko reduziert.

REZEPT

1 Grapefruit, geschält und filetiert
1 Melone, geschält, entkernt und grob gewürfelt
15 Himbeeren

Fruchtstücke und Himbeeren abwechselnd in den Entsafter geben und entsaften. Umrühren und sofort trinken.

Brombeer-Joghurt-Smoothie

Köstlich, sättigend und voller Nährstoffe ist dieser Drink ein ideales Diätfrühstück.

Brombeeren sind hervorragende Ballaststofflieferanten, denn sie enthalten nicht nur Pektin, sondern auch viele kleine Samen. Untersuchungen haben ergeben, dass der Verzehr von fettarmen, calciumreichen Milchprodukten wie Joghurt das Körperfett reduziert. Auch Mandeln bewirken eine Gewichtsreduzierung, da ihr hoher Gehalt an ungesättigten Fettsäuren den Körper bei der Fettverbrennung unterstützt.

NÄHRSTOFFE

Vitamine A, B2, B3, B5, B12, C, D, E, Betacarotin, Folsäure; Calcium, Eisen, Kalium, Kupfer, Magnesium, Mangan, Phosphor, Selen, Zink; Tryptophan

REZEPT

25 Brombeeren
450 ml Bio-Naturjoghurt
1 Handvoll Mandelflocken

Beeren und Joghurt im Mixer cremig mixen. Mit Mandelflocken bestreuen und sofort trinken.

018

Grapefruit, Honig, Zitrone & Ingwer

NÄHRSTOFFE

Vitamine B6, C, D, E, K, Betacarotin, Folsäure; Calcium, Eisen, Jod, Kalium, Kupfer, Magnesium, Mangan, Natrium, Phosphor, Schwefel, Zink; Bioflavonoide; Zitronensäure; Pektin

REZEPT

- **2 Grapefruit, geschält und filetiert**
- **3 Zitronen, geschält und geviertelt**
- **4-cm-Stück Ingwer, geschält und in Stücke geschnitten**
- **1 EL Honig**

Die Frucht- und Ingwerstücke abwechselnd in den Entsafter geben und entsaften. Den Honig zufügen, umrühren und sofort trinken.

Dieser prickelnde Saft ist ein großartiger Fettverbrenner und stabilisiert den Blutzuckerspiegel.

Trinken Sie den Saft morgens vor dem Frühstück auf leeren Magen, um den größten Fettverbrennungseffekt zu erzielen. Die vier starken Aromen harmonieren perfekt miteinander und wirken wunderbar wärmend. Sie lindern auch Halsschmerzen und unterstützen den Körper bei der Bekämpfung einer Erkältung oder eines Infektes.

Grapefruit Untersuchungen haben gezeigt, dass die Grapefruit ein Enzym zur Fettverbrennung enthält und einer Gewichtszunahme vorbeugt, indem sie den Insulinspiegel senkt und den Blutzuckerspiegel stabilisiert. Sie enthält ebenfalls eine beachtliche Menge des Ballaststoffes Pektin.

Honig Er mildert den Zitrusgeschmack der Zitrone und Grapefruit und erhöht den Nährwert des Saftes. Manukahonig enthält die höchste Anzahl aktiver Enzyme mit heilenden Eigenschaften.

Zitrone Zitronensaft unterstützt vor allem die Funktionen der Leber und verleiht dem Magen-Darm-Trakt mehr Effizienz bei der Verdauung. So lagert der Körper weniger Fett ein.

Ingwer Dieses Gewürz tonisiert die Muskeln des Verdauungstraktes und stimuliert die Enzymaktivität sowie die Bildung von Magensäure. Auf diese Weise kann eingelagertes Fett besser verarbeitet werden. Ingwer unterstützt auch Kreislauf und Stoffwechsel. Außerdem enthält er Mangan zur Stärkung des Immunsystems und zur Vorbeugung hinsichtlich Infektionen.

Ihrer Wuchsform verdankt die Grapefruit ihren Namen – in großen Trauben (engl. *grape*) hängen die Früchte vom Baum.

ZUBEREITUNGSTIPPS

- Wenn Sie Grapefruits oder Zitronen mit dem Handballen auf einer glatten Oberfläche hin und her rollen, ergeben sie mehr Saft.
- Eine weiche Stelle am Strunk einer Grapefruit weist darauf hin, dass die Frucht nicht mehr frisch ist. Kratzer und Schuppen auf der Schale dagegen beeinflussen weder Geschmack noch Qualität.
- Lagern Sie Honig in einem luftdichten Behälter. So kann er keine Feuchtigkeit aufnehmen und hält sich fast unbegrenzt.
- Ungenutzte Ingwerwurzel sollte, in Klarsichtfolie eingewickelt, im Kühlschrank gelagert werden.

Porree, Karotte & Kohl

NÄHRSTOFFE
Vitamine B1, B2, B6, C, E, K, Betacarotin, Folsäure; Calcium, Chrom, Eisen, Jod, Kalium, Magnesium, Mangan, Phosphor

Trinken Sie täglich ein Glas dieses kräftigen Saftes, um die Speckröllchen am Bauch zu reduzieren.

Die im Porree enthaltenen Nährstoffe verlangsamen die Zuckeraufnahme durch den Verdauungstrakt, stabilisieren so den Blutzuckerspiegel und wirken Hungerattacken entgegen. Das im Verdauungssystem in Vitamin A umgewandelte Betacarotin der Karotten beschleunigt den Stoffwechsel und die Auflösung von Fettdepots. Kohl enthält Schwefel und Jod. Beides wirkt reinigend auf die Verdauung und löst eingelagertes Fett auf.

Wählen Sie kleine Porreestangen. Sie sind nahrhafter als die großen und enthalten mehr Ballaststoffe.

REZEPT

½ Kohlkopf, Blätter abgelöst und Strunk grob gewürfelt
1 Porreestange, grob gewürfelt
4 große Karotten, grob gewürfelt

Die Kohlblätter einzeln um die Gemüsestücke wickeln, in den Entsafter geben und entsaften. Umrühren und sofort trinken.

Zwiebel, Spinat & rote Paprika

Dieser Saft enthält drei wirkungsvolle Fettvernichter in einer köstlichen Mischung.

Die kalorienarmen Zwiebeln sind reich an Mineralstoffen und Ölen, die den Fettabbau unterstützen und den Stoffwechsel beschleunigen. Sie enthalten ebenfalls das antikarzinogene Quercetin. Im Spinat finden sich zahlreiche Nährstoffe, die die Gewichtsabnahme fördern, wie etwa Calcium oder Eisen. Alle Paprikas, selbst die milderen, enthalten Substanzen, die nach dem Verzehr die Wärmeproduktion des Körpers für mehr als zwanzig Minuten bedeutend erhöhen, wodurch mehr Kalorien verbrannt werden. Reiben Sie etwas frische Muskatnuss über den Saft. So mildern Sie den starken Geschmack der Zwiebel und auch der Spinat schmeckt weniger bitter.

REZEPT

300 g Blattspinat
2 Zwiebeln, geschält und in Spalten
1 rote Paprikaschote, entkernt und grob gewürfelt
frisch geriebene Muskatnuss

Die Spinatblätter einzeln um Zwiebel- und Paprikastücke wickeln, abwechselnd in den Entsafter geben und entsaften. Umrühren, mit frisch geriebener Muskatnuss bestreuen und sofort trinken.

NÄHRSTOFFE

Vitamine B1, B2, B3, B6, C, E, K, Folsäure; Calcium, Chrom, Eisen, Jod, Kalium, Kupfer, Magnesium, Mangan, Phosphor, Zink; Bioflavonoide; Quercetin; Tryptophan

Salatgurke, Sellerie, Kürbis & Fenchel

NÄHRSTOFFE
Vitamine B1, B2, B3, B5, B6, C, Betacarotin, Folsäure; Calcium, Chrom, Eisen, Kalium, Kobalt, Magnesium, Mangan, Natrium, Phosphor, Schwefel, Selen, Silizium, Zink; Tryptophan

Salatgurken können bei Allergikern die Mundschleimhäute reizen.

Kalorienarm, aber nährstoffreich bringt Sie dieser Saft nach einer langen Nacht wieder auf Spur.

Mit nur 100 Kalorien und ohne Fett reduziert ein Glas dieses erfrischenden und sättigenden Saftes nicht nur den Hunger, sondern unterstützt den Körper auch bei der Verdauung fett- und kohlehydratreicher Nahrungsmittel. Servieren Sie den Saft mit einer Stange Sellerie als essbarem Löffel.

Salatgurke Schwefel und Silizium der Salatgurke fördern die Ausscheidung von Harnsäure durch die Nieren – unterstützt durch den hohen Wassergehalt wird Fett ausgespült.

REZEPT

- **½ Salatgurke, grob gewürfelt**
- **3 Stangen Sellerie, grob gewürfelt**
- **½ Kürbis, geschält, entkernt und grob gewürfelt**
- **2 Fenchelknollen, geviertelt**

Gurken-, Sellerie-, Kürbis- und Fenchelwürfel abwechselnd in den Entsafter geben und entsaften. Umrühren und sofort trinken.

Stangensellerie Roher Selleriesaft enthält nur sehr wenige Kalorien und stimuliert die Hirnanhangdrüse, die den Energiebedarf des Körpers reguliert. Selen aktiviert die Schilddrüse und damit den Stoffwechsel.

Kürbis Eine Studie ergab, dass der Verzehr von Kürbis während einer Diät den Appetit zügelt. Die Probanden nahmen auch weniger Fett und Kalorien aus ihrer Nahrung auf.

Fenchel Viele Ernährungswissenschaftler empfehlen Fenchel zum Abnehmen. Er zügelt den Appetit und ruft ein Völlegefühl im Magen hervor.

ZUBEREITUNGSTIPPS

- Wählen Sie leuchtend grüne, feste Salatgurken ohne weiche Stellen. Vermeiden Sie Gurken, die sich in der Mitte wölben. Sie sind meist geschmacklos.
- Wählen Sie nur frischen Stangensellerie, der beim Auseinanderpflücken leicht knackt.
- Qualitativ hochwertige Fenchelknollen sind weiß oder blassgrün. Sie sollten glatt und fest sein und weder Risse oder Beulen noch Flecken aufweisen. Frischer Fenchel schmeckt ein wenig nach Lakritz.
- Alle Teile des Fenchels – Knolle, Stangen und Blätter – können für dieses Rezept verwendet werden.

Spargel, Sellerie & Karotte

NÄHRSTOFFE
Vitamine B1, B2, B3, B6, C, K, Betacarotin, Folsäure; Calcium, Chrom, Eisen, Kalium, Kupfer, Magnesium, Mangan, Phosphor, Selen; Asparagin; Tryptophan

Dieser erfrischende Saft hilft dem Körper bei der Fettverbrennung und ist nach dem Sport ideal.

Spargel hat weniger als vier Kalorien pro Stange und enthält die Aminosäure Asparagin, die hervorragende Dienste beim Fettabbau leistet. Außerdem wirkt er harntreibend und reduziert so Wasseransammlungen. Sellerie enthält durchschnittlich nur drei Kalorien pro Stange. Sein hoher Wassergehalt eignet sich vor allem nach sportlicher Anstrengung zur Rehydrierung des Körpers. Das Betacarotin der Karotten löst Fettverbrennungsprozesse aus und stabilisiert den Blutzuckerspiegel.

REZEPT

10 Spargelstangen, in Stücke geschnitten
6 Stangen Sellerie, grob gewürfelt
2 große Karotten, grob gewürfelt

Die Gemüsestücke abwechselnd in den Entsafter geben und entsaften. Umrühren und sofort trinken.

023

Tomate, Sellerie, Knoblauch & Basilikum

Der Geschmack Italiens in einem Glas – aber viel weniger Kalorien als in einer Pizza!

Tomaten enthalten Enzyme, deren Arbeit die Nieren große Mengen an Fett herausfiltern und ausscheiden lässt. Roher Stangensellerie enthält leicht verdauliches Calcium in hoher Konzentration, das ebenfalls dem Fettabbau dient. Die im Knoblauch nachgewiesene Aminosäure Allicin beugt erwiesenermaßen der Gewichtszunahme vor. Das Basilikum sorgt für Süße und enthält Eisen, das den Körper mit Energie versorgt und Ihnen die Lust auf fetthaltige Snacks nimmt.

NÄHRSTOFFE

Vitamine B1, B2, B3, B5, B6, C, E, K, Betacarotin, Folsäure; Calcium, Chrom, Eisen, Kalium, Kupfer, Magnesium, Mangan, Phosphor, Selen; Lycopin; Tryptophan

REZEPT

4 große Tomaten, in Spalten
3 Stangen Sellerie, gewürfelt
2 Knoblauchzehen, geschält
1 Handvoll frische Basilikumblätter

Tomaten- und Selleriestücke sowie Knoblauchzehen mit den Basilikumblättern umwickeln, abwechselnd in den Entsafter geben und entsaften. Umrühren und sofort trinken.

Die Blätter der Tomatenpflanze enthalten giftige Alkaloide und dürfen nicht verwendet werden.

NÄHRSTOFFE
Vitamine B1, B2, B3, B5, B6, C, E, K, Betacarotin, Folsäure; Calcium, Chrom, Eisen, Jod, Kalium, Kupfer, Magnesium, Mangan, Phosphor; Lycopin; Sulforaphan; Tryptophan

Brunnenkresse, Rukola & Tomate

Ein Trio mit vielen Nährstoffen, aber wenig Kalorien.

Traditionell wird Brunnenkresse verwendet, um den Stoffwechsel anzuregen und den Körper zu entgiften. Sie ist eine reiche Quelle an Glucosinolat, das die Aktivität der lebereigenen Entgiftungsenzyme anregt. Rukola wurde von den alten Griechen eingesetzt, um Verdauungsbeschwerden zu lindern. Er enthält ebenfalls Glucosinolate. Tomaten gehören zu den besten natürlichen Entgiftern. Sie entfalten ein stärkeres Aroma, wenn Sie sie 30 Minuten vor dem Verzehr aus dem Kühlschrank nehmen.

REZEPT

5 große Tomaten, in Spalten
1 großer Bund Brunnenkresse
85 g Rukolablätter

Tomaten mit Brunnenkresse und Rukola umwickeln, in den Entsafter geben und entsaften. Umrühren und sofort trinken.

Brunnenkresse-Joghurt-Smoothie

Dieser blassgrüne, geschmackvolle Smoothie ersetzt an einem stressigen Tag eine ganze Mahlzeit.

Der hohe Eisengehalt der Brunnenkresse ist für eine Diät sehr nützlich, da Eisenmangel zu Müdigkeit führen kann. Fettarmer Joghurt ist ein großer Calciumlieferant und hat einen niedrigen glykämischen Index (GI), versorgt den Körper also mit nur langsam zu verwertender Energie und reduziert so den Hunger zwischen den Mahlzeiten. Cayennepfeffer stimuliert die Bildung von Magensäure und unterstützt die Verdauung. Außerdem regt er direkt nach dem Verzehr den Stoffwechsel an.

NÄHRSTOFFE

Vitamine A, B1, B2, B3, B5, B12, C, D, E, K, Betacarotin, Folsäure; Calcium, Eisen, Jod, Kalium, Kupfer, Magnesium, Mangan, Phosphor, Zink

REZEPT

1 großer Bund Brunnenkresse
450 ml Bio-Naturjoghurt
1 Prise Cayennepfeffer

Brunnenkresse und Joghurt in einen Mixer geben und cremig mixen. Den Cayennepfeffer darüberstreuen und sofort trinken.

Verwenden Sie für einen weniger cremigen Drink fettarme Milch anstelle von Joghurt.

Brombeeren, Apfel & Ananas

NÄHRSTOFFE
Vitamine B1, B2, B6, C, E, K, Betacarotin, Folsäure; Calcium, Eisen, Kalium, Kupfer, Magnesium, Mangan, Phosphor, Selen, Zink; Bromelain; Apfelsäure; Pektin

Genießen Sie diese fruchtige Mischung und wecken Sie Ihre Kraftreserven.

Unter den Beeren sind die Brombeeren diejenigen, die die meisten Phytoöstrogene enthalten und voller Vitamin C stecken. Frisch gepresster Apfelsaft enthält ebenfalls Vitamin C sowie Fruktose und Apfelsäure – alle drei großartige Energielieferanten. Bekannt für ihre entzündungshemmenden Eigenschaften liefert die Ananas auch Mangan, das von den energieproduzierenden Enzymen benötigt wird. Ein Glas frischer Ananassaft enthält eine außerordentlich hohe Menge dieses Mineralstoffs.

Traditionell werden Brombeeren zur Behandlung von Halsschmerzen und Heiserkeit eingesetzt.

REZEPT

25 Brombeeren
2 Äpfel, in Spalten
1 Ananas, geschält und gewürfelt

Brombeeren und Fruchtstücke abwechselnd in den Entsafter geben und entsaften. Umrühren und sofort trinken.

027

Pfirsich, Aprikose & Mango

Als milder Obstsalat in flüssiger Form ist dies ein köstlicher, schnell wirkender Energiedrink.

Reich an Fruktose bilden Pfirsiche und Aprikosen einen cremigen Saft mit zahlreichen Nährstoffen, darunter auch Phosphor und Vitamin B5. Beide helfen dem Körper, die Energie aus Nahrungsmitteln zu verwerten. Mango enthält viel Betacarotin und ebenfalls etwas Eisen. Verwenden Sie getrocknete Aprikosen anstatt der frischen, wenn Sie sich sehr müde fühlen. Sie enthalten mehr Fruktose, Betacarotin, Kalium und Eisen und bilden so eine wirkungsvollere Energiequelle.

NÄHRSTOFFE

Vitamine B2, B3, B5, C, E, Betacarotin, Folsäure; Calcium, Eisen, Kalium, Magnesium, Phosphor, Zink; Bioflavonoide; Tryptophan

REZEPT

3 Pfirsiche, geviertelt und entsteint
3 Aprikosen, halbiert und entsteint
1 Mango, geschält, entsteint und grob gewürfelt

Die Fruchtstücke abwechselnd in den Entsafter geben und entsaften. Umrühren und sofort trinken.

Wassermelone, Feige & Honig

NÄHRSTOFFE

Vitamine B1, B2, B3, B5, B6, C, D, E, K, Betacarotin, Folsäure; Calcium, Eisen, Jod, Magnesium, Mangan, Phosphor, Schwefel; Tryptophan

Wer im Energietief ist, wird sich mit diesem süßen Mix sofort erholen.

Wassermelonen haben einen hohen Zuckergehalt und sind eine ideale Quelle sofort wirkender Energie. Ihr hoher Wasseranteil rehydriert den Körper und wirkt so der Müdigkeit entgegen. Traditionell werden Feigen zum Süßen verwendet, da sie sehr viel Glucose und Fruktose enthalten – zwei einfache Zuckerarten, die leicht aufgenommen werden können. Für eine noch stärkere Wirkung verwenden Sie getrocknete Feigen, da diese mehr Zucker enthalten. Beide Zuckerarten finden sich auch in Honig.

REZEPT

½ Wassermelone, geschält und grob gewürfelt
3 mittelgroße Feigen, halbiert
1 EL Honig

Wassermelonen und Feigen abwechselnd in den Entsafter geben und entsaften. Den Honig zugeben, umrühren und sofort trinken.

029

Blaubeeren-Granatapfel-Sojamilch-Smoothie

Mit diesem köstlichen Smoothie tanken Sie auf.

Blaubeeren stecken voller Nährstoffe, senken den Cholesterinspiegel und beugen Krankheiten vor. Sojamilch besteht zu 43 Prozent aus Proteinen, ist cholesterinfrei und reich an Isoflavonen. Diese Antioxidantien schützen den Körper vor freien Radikalen. Grantapfelsaft enthält mehr Antioxidantien als Rotwein oder grüner Tee. Ein einziger Granatapfel deckt 40 Prozent des täglichen Energiebedarfs eines Erwachsenen.

Verwenden Sie für einen köstlich kalten Smoothie Beeren direkt aus dem Tiefkühlfach.

NÄHRSTOFFE

Vitamine A, B2, B3, B12, C, D, E, K, Betacarotin, Folsäure; Calcium, Eisen, Jod, Kalium, Magnesium, Mangan, Phosphor; Isoflavone; Tryptophan

REZEPT

40 Blaubeeren
450 ml Sojamilch
1 Granatapfel, halbiert

Beeren und Sojamilch in den Mixer geben und cremig mixen. Die Samen des Granatapfels mit einem Holzlöffel herausklopfen und in den Smoothie geben. Umrühren und sofort trinken.

030

Bananen-Schokoladen-Shake

NÄHRSTOFFE
Vitamine B2, B12, D, K; Folsäure; Calcium, Chrom, Eisen, Jod, Kalium, Kupfer, Magnesium, Mangan, Phosphor, Zink; Flavonoide; Omega-3-Fettsäuren; Tryptophan

Der Aztekenherrscher Montezuma beschrieb Schokolade als „göttliches Getränk gegen Müdigkeit und zur Stärkung der Widerstandskraft“.

Er schmeckt köstlich und weckt die Lebensgeister.

Die sofort verfügbaren Kalorien der Schokolade und die sich langsamer abbauenden der Banane machen diesen Milchshake, vor allem vor einem Workout, zu einem idealen Energy-Drink.

Banane Eine der wenigen Früchte, die Chrom enthält, ein für das ausgewogene Gleichgewicht von Cholesterin, Fetten und Proteinen wesentliches Spurenelement.

Schokolade Dunkle Schokolade mit mindestens 70 Prozent Kakao enthält weniger Fett und Zucker als Vollmilch- oder weiße Schokolade und eine Vielzahl gesunder Zusatzstoffe.

REZEPT

450 ml Milch
25 g dunkle Schokolade, in Stücke gebrochen
2 reife Bananen, geschält

Die Milch in einem Topf erhitzen, aber nicht aufkochen. Die Schokolade einrühren und schmelzen. Bananen und Schokoladenmilch in einen Mixer geben und cremig mixen. Sofort trinken.

Reich an Flavonoiden erhöht dunkle Schokolade den Anteil an Anitoxidantien im Blut um 20 Prozent. Außerdem enthält sie Koffein und das „Glückshormon" Phenethylamin.

Milch Kuhmilch ist eine reichhaltige Quelle an Vitamin D, Calcium und Vitamin K. Diese drei Nährstoffe sind für gesunde Knochen unerlässlich. Außerdem enthält sie fettarme Proteine sowie die Vitamine B2 und B12, die ausschlaggebend für die Energieproduktion sind.

ZUBEREITUNGSTIPPS

- Unreife Bananen sollten nicht im Kühlschrank gelagert werden, da dadurch der Reifeprozess beendet wird. Sie bleiben grün, auch wenn sie sich wieder auf Zimmertemperatur erwärmen.
- Reifere Bananen ergeben ein cremigeres Getränk und sind leichter verdaulich. Wählen Sie also Bananen mit gelber Schale und braunen Flecken.
- Jüngste Untersuchungen haben ergeben, dass Bio-Milch 70 Prozent mehr Omega-3-Fettsäuren enthält als normale Vollmilch.
- Milch sollte nicht in der Kühlschranktür aufbewahrt werden. Hier wird sie beim Öffnen des Kühlschranks jedes Mal der Wärme ausgesetzt und schneller sauer.

Apfel, Karotte & Spirulina

NÄHRSTOFFE
Vitamine B2, B3, B6, B12, C, E, K, Betacarotin, Folsäure; Calcium, Chrom, Eisen, Kalium, Magnesium, Natrium, Phosphor; Chlorophyll; Apfelsäure; Gamma-Linolensäure; Pektin

Probieren Sie diesen Klassiker mit der super-nahrhaften Beigabe für sofort spürbare Energie.

Der hochkonzentrierte Zucker in frischem Apfel- und Karottensaft wird vom Körper schnell aufgenommen und sorgt für einen sofortigen Energieschub. Spirulina ist eine Blaualge voller energetischer Nährstoffe. Gefriergetrocknetes Pulver enthält die meisten Nährstoffe: 58-mal mehr Eisen als roher Spinat, 25-mal mehr Betacarotin als rohe Karotten, dreimal mehr Vitamin E als rohe Weizenkleie und außerdem noch die essenzielle Fettsäure Gamma-Linolensäure, Chlorophyll und Vitamin B12.

REZEPT

4 Äpfel, in Spalten
3 große Karotten, grob gewürfelt
2 TL Spirulinapulver

Apfel- und Karottenstücke in den Entsafter geben und entsaften. Den Saft in zwei Gläser füllen, je einen Teelöffel Spirulina einrühren und sofort trinken.

Avocado, Pflaume & Birne

Köstlich süß und cremig ist dieser Shake vor einer Feier die ideale Grundlage für den Magen.

Avocados enthalten mehr Proteine als jede andere Frucht und bilden daher eine großartige Energiequelle. Eine einzige Avocado deckt bereits die Hälfte des täglichen Vitamin-B6-Bedarfs. Vitamin B6 wird benötigt, um Nahrung in Energie umzuwandeln. Reife, weiche Pflaumen und Birnen stecken voller Fruktose, die der Körper sofort absorbiert und in Energie umsetzt. Außerdem enthalten sie viel Eisen sowie Apfelsäure, die die Eisenaufnahme fördert.

Je reifer die Avocado ist, desto cremiger wird der Drink.

NÄHRSTOFFE

Vitamine B1, B2, B3, B5, B6, C, E, K, Betacarotin, Biotin, Folsäure; Calcium, Eisen, Jod, Kalium, Kupfer, Magnesium, Phosphor, Zink; Apfelsäure; Omega-6-Fettsäuren; Tryptophan

REZEPT

6 Pflaumen, entsteint und halbiert
2 große Birnen, grob gewürfelt
1 Avocado, geschält und entkernt

Pflaumen- und Birnenstücke abwechselnd in den Entsafter geben und entsaften. Den Pflaumen-Birnen-Saft mit der Avocado in einen Mixer geben, cremig mixen und sofort trinken.

Gurke, Limette & Spirulina

NÄHRSTOFFE
Vitamine B2, B6, B12, C, E, Betacarotin, Folsäure; Calcium, Eisen, Kalium, Kieselerde, Magnesium, Mangan; Bioflavonoide; Gamma-Linolensäure; Zitronensäure; Tryptophan

Fühlen Sie sich schlapp, kann Wassermangel die Ursache sein – hier hilft dieser Gaumenschmaus.

Menschen bestehen bis zu 75 Prozent aus Wasser. Nur zwei Prozent Wasserverlust können den Energiespiegel bereits um 20 Prozent senken. Dank des hohen Wassergehalts der Salatgurke und des Limettensafts gleicht dieses Rezept den Wasserhaushalt wieder aus und liefert schnell Energie. Spirulina hat eine positive Wirkung auf das Immunsystem und stärkt die Widerstandskraft gegen Erkrankungen.

Nehmen Sie Spirulina am besten morgens, da es später am Tag zu Einschlafstörungen führen kann.

REZEPT

1 Salatgurke, grob gewürfelt
3 Limetten, geschält und geviertelt
2 TL Spirulinapulver

Salatgurken- und Limettenstücke abwechselnd in den Entsafter geben und entsaften. Den Saft in zwei Gläser füllen, je einen Teelöffel Spirulina einrühren und sofort trinken.

034

Kürbis, Rosenkohl & Weizengras

Ein Löffel Weizengras steigert die ohnehin gesunden Wirkstoffe dieses Saftes ins Unermessliche.

Kürbis ist reich an Carotinoiden, die den Blutzucker- und Energiespiegel regulieren und konstant halten. Auch Rosenkohl füllt mit seinem hohen Vitamin-C- und Folsäuregehalt die Energiedepots des Körpers wieder auf. Verwenden Sie Weizengras aus dem Reformhaus oder entsaften Sie das Gras selbst mit einer Saftpresse (siehe S. 8). Weizengras enthält mehr als 100 Grundnährstoffe wie Aminosäuren, Enzyme, Mineralien und Chlorophyll.

NÄHRSTOFFE

Vitamine B1, B2, B3, B5, B6, C, E, K, Betacarotin, Folsäure; Bor, Calcium, Chlorid, Chrom, Eisen, Jod, Kalium, Kobalt, Kupfer, Magnesium, Mangan, Natrium, Phosphor, Schwefel, Selen, Zink; Aminosäuren; Chlorophyll; Tryptophan

REZEPT

1 Kürbis, geschält, entkernt und grob gewürfelt
10 Rosenkohlköpfe
2 EL Weizengraspulver oder -saft

Kürbiswürfel und Rosenkohl abwechselnd in den Entsafter geben und entsaften. Den Saft in zwei Gläser füllen, je einen Esslöffel Weizengras einrühren und sofort trinken.

Orange, Kiwi & Spinat

NÄHRSTOFFE
Vitamine B1, B2, B3, B5, B6, C, E, K, Betacarotin, Folsäure; Calcium, Eisen, Jod, Kalium, Kupfer, Magnesium, Mangan, Phosphor, Zink; Zitronensäure

Orangen sind entsaftet gesünder als gepresst, denn die Bioflavonoide befinden sich im Fruchtmark.

Ein Glas dieses Fitnessdrinks deckt mehr als das Dreifache unseres täglichen Vitamin-C-Bedarfs.

Eisenmangel kann zu Lethargie und Depressionen führen und gehört weltweit zu den häufigsten Mangelerscheinungen. Dieser Saft regt die Eisenaufnahme an. Außerdem versorgt er den Körper mit Folsäure, die für die Produktion der roten Blutkörperchen grundlegend ist. Auch dies hebt den Energiespiegel an.
Orange Diese Frucht steckt voller Vitamin C, einem sehr wirkungsvollen Antioxidans, das dem Körper hilft, Eisen aus der Nahrung aufzunehmen. Dies mildert eine durch Eisenmangel verursachte Anämie. Orangen enthalten ebenfalls Limonin, das

REZEPT

300 g Blattspinat
2 Orangen, geschält und filetiert
3 Kiwis, geschält und grob gewürfelt

Die Spinatblätter um die Orangen- und Kiwistücke wickeln, abwechselnd in den Entsafter geben und entsaften. Umrühren und sofort trinken.

nicht nur antikarzinogene Eigenschaften besitzt, sondern auch mit einem leicht verdaulichen Glucosemolekül verbunden ist.

Kiwi Eine Kiwi enthält doppelt so viel Vitamin C wie eine Orange. Außerdem ist sie eine reichhaltige Quelle an Magnesium, Vitamin E und Kupfer, das zur Energieproduktion benötigt wird.

Spinat Er enthält nicht nur Eisen, sondern ebenfalls die energiefördernde Folsäure sowie die Vitamine B1, B6, C und E. Vitamin B1 ist an der Umwandlung von Kohlehydraten in Energie beteiligt.

ZUBEREITUNGSTIPPS

- Orangen mit dünner Schale enthalten mehr Saft als dickschalige Früchte.
- Wenn Sie die Orangen vor dem Entsaften für einige Minuten in eine Schüssel mit warmem Wasser legen, ergeben sie mehr Saft.
- Wählen Sie Kiwis, die sich zwischen Ihrem Daumen und Zeigefinger nur leicht eindrücken lassen. Sehr weiche, schrumpelige Früchte mit feuchten Stellen sind überreif.
- Wählen Sie tiefgrüne, knackige Spinatblätter ohne gelbe oder weißliche Flecken. Waschen Sie den Spinat vorsichtig erst kurz vor dem Verzehr.

Rote Bete, grüne Bohnen & Kürbis

NÄHRSTOFFE
Vitamine B1, B2, B3, C, K, Betacarotin, Biotin, Folsäure; Calcium, Eisen, Kalium, Kupfer, Magnesium, Mangan, Phosphor; Apfelsäure; Tryptophan

Dieser belebende Mix besiegt die Müdigkeit.

Rote Bete enthält viel Eisen und wird gegen Erschöpfung und Anämie eingesetzt. Als wichtiger Bestandteil des Blutes ist Eisen für die Energieproduktion unerlässlich. Grüne Bohnen enthalten doppelt so viel Eisen wie Spinat und außerdem die Vitamine B1 und B2, die für die Verwertung von Fetten, Proteinen und Kohlehydraten benötigt werden. Die im Kürbis nachgewiesene Apfelsäure regt die Eisenaufnahme an.

REZEPT

3 kleine Rote Bete, grob gewürfelt
25 grüne Bohnen, Enden gekappt
½ Kürbis, geschält, entkernt und grob gewürfelt

Die Gemüsestücke abwechselnd in den Entsafter geben und entsaften. Umrühren und sofort trinken.

Paprika, Karotte, Salat & Alfalfa

Wecken Sie Ihre Energie mit diesem anregenden Saft voller nützlicher Enzyme.

Der in Paprika und Karotten enthaltene natürliche Zucker liefert Energie und mildert den bitteren Geschmack der Alfalfasprossen. Diese sind reich an Proteinen, Chlorophyll, sekundären Pflanzenstoffen, Flavonoiden, Phytoöstrogenen, Vitaminen und Mineralien. Verwenden Sie nur reife Alfalfasprossen mit zwei Blattpaaren, denn die noch ungekeimten Sprossen enthalten die giftige Aminosäure Canavanin. Sie steht im Verdacht, Autoimmunerkrankungen wie rheumatische Arthritis auszulösen.

Samen und Blätter der Alfalfasprossen können zu einem nahrhaften Tee ausgekocht werden.

NÄHRSTOFFE

Vitamine B1, B2, B3, B5, B6, B12, C, D, E, K, Betacarotin, Folsäure; Bor, Calcium, Chrom, Eisen, Kalium, Kobalt, Kupfer, Magnesium, Mangan, Natrium, Phosphor, Schwefel, Silizium, Zink; Bioflavonoide; Chlorophyll; Phytoöstrogene; sekundäre Pflanzenstoffe; Tryptophan

REZEPT

1 Handvoll Alfalfasprossen
½ Salatkopf, Blätter abgelöst
1 rote Paprika, entkernt und grob gewürfelt
4 große Karotten, grob gewürfelt

Jeweils etwa 10 Alfalfasprossen mit einem Salatblatt umwickeln, abwechselnd mit den Paprika- und Karottenstücken in den Entsafter geben und entsaften. Umrühren und sofort trinken.

Apfel, Kirschen & Blaubeeren

NÄHRSTOFFE
Vitamine C, E, K, Betacarotin; Calcium, Eisen, Kalium, Magnesium, Mangan, Phosphor; Anthocyane; Bioflavonoide; Pektin

Dieser köstliche und gesunde Saft kann vielen durch Stress ausgelösten Erkrankungen vorbeugen.

Äpfel und Kirschen enthalten zahlreiche Flavonoide, die mit einer besseren Lungenfunktion in Verbindung gebracht werden und die Häufigkeit von stressbedingten Asthmaanfällen reduzieren. Anthocyanin, das in Kirschen enthaltene Antioxidans, hemmt Entzündungsenzyme und lindert Schmerzen. Eine Studie hat gezeigt, dass der Verzehr von Blaubeeren die Arterien entlastet und das Risiko von stressbedingten Herz-Kreislauf-Erkrankungen reduziert.

Blaubeeren enthalten fünf verschiedene Anthocyane, denen sie auch ihre Farbe verdanken.

REZEPT

4 Äpfel, in Spalten
25 Kirschen, entsteint
40 Blaubeeren

Apfelstücke, Kirschen und Blaubeeren abwechselnd in den Entsafter geben und entsaften. Umrühren und sofort trinken.

Himbeeren, Pflaumen & Ingwer

Oft gehen Stress und PMS Hand in Hand. Dieses Tonikum lindert prämenstruelle Syndrome.

Himbeeren sind ein Kraftwerk an Nährstoffen, sie mildern menstruelle Krämpfe und Stimmungsschwankungen. Kombiniert man sie mit Pflaumen, hat dieser Saft einen hohen Vitamin-C-, Betacarotin- und Mangangehalt. So wird das Immunsystem in stressigen Zeiten gestärkt. Ingwer lindert nicht nur menstruelle Krämpfe und Übelkeit, sondern schützt auch vor stressbedingten Herzerkrankungen, da er den Kreislauf anregt und die Blutgerinnung reduziert.

NÄHRSTOFFE

Vitamine B2, B3, B6, C, Betacarotin, Folsäure; Calcium, Eisen, Kalium, Kupfer, Magnesium, Mangan, Natrium, Phosphor, Zink

REZEPT

5 Pflaumen, halbiert und entsteint
4-cm-Stück frischer Ingwer, geschält und grob gewürfelt
25 Himbeeren

Pflaumenhälften, Ingwerwürfel und Himbeeren abwechselnd in den Entsafter geben und entsaften. Umrühren und sofort trinken.

Apfel, Feige, Mango & Papaya

NÄHRSTOFFE
Vitamine B3, C, E, K, Betacarotin, Folsäure; Calcium, Eisen, Kalium, Magnesium, Mangan, Natrium, Phosphor, Silizium; Apfelsäure; Pektin

Als Stresslinderung im Glas entspannt dieser nahrhafte Saft Körper und Geist.

Ballaststoffreiches Obst enthält zahlreiche, entspannende Nährstoffe. In Äpfeln finden sich Vitamin C und Magnesium. Letzteres wappnet den Körper gegen Stress. Der hohe Calciumgehalt der Feigen beruhigt den Geist und entschärft die Übermittlung von Nervensignalen. Mango und Papaya stimulieren die Verdauungsenzyme. Dies ist besonders nützlich, wenn Stress sie daran hindert, Energie für Gehirn und Muskeln bereitzustellen.

Mangos sind die Früchte mit dem höchsten Betacarotin-Anteil.

REZEPT

3 Äpfel, in Spalten
1 Mango, geschält, entsteint und grob gewürfelt
1 Papaya, geschält, entkernt und grob gewürfelt
2 Feigen, halbiert

Fruchtstücke und Feigenhälften abwechselnd in den Entsafter geben und entsaften. Umrühren und sofort trinken.

041

Erdbeeren-Bananen-Pfefferminz-Crush

Wenn alles zu viel wird, verbannt dieser entspannende Shake den Stress und hilft beim Relaxen.

Der Bedarf an Vitamin C ist bei erhöhtem Adrenalinspiegel besonders groß, denn Vitamin C ist das einzige Vitamin, das der Körper nicht speichern kann. Erdbeeren enthalten in Relation zum Gewicht mehr Vitamin C als Zitrusfrüchte. Bananen versorgen den Körper mit stressabbauenden B-Vitaminen. Das in den Pfefferminzblättern enthaltene Menthol ist ein erfrischendes und beruhigendes Öl, das den Kopf klarmacht und die Verdauung unterstützt.

NÄHRSTOFFE

Vitamine B1, B2, B3, B5, B6, C, K, Betacarotin, Folsäure; Calcium, Chrom, Eisen, Kalium, Kupfer, Jod, Magnesium, Mangan, Natrium, Selen, Zink; Bioflavonoide; Tryptophan

REZEPT

300 ml Wasser, zu Eiswürfeln gefroren
15 Erdbeeren
2 reife Bananen, geschält
1 Handvoll frische Pfefferminze

Das Eis im Mixer zerkleinern, Erdbeeren, Bananen und Pfefferminzblätter zugeben. Cremig mixen und sofort trinken.

042

Tofu-Himbeer-Smoothie

NÄHRSTOFFE
Vitamine A, B2, B3, C, E, K, Folsäure; Calcium, Eisen, Kalium, Kupfer, Magnesium, Mangan, Phosphor, Selen, Zink; Apfelsäure, sekundäre Pflanzenstoffe; Tryptophan

Ein Tofu-Obst-Shake ist ein köstlicher und beruhigender Start in den Tag.

Tofu wird aus Sojabohnen gewonnen und bildet eine reichhaltige Proteinquelle. Dabei enthält er keinerlei gesättigte Fettsäuren. Reich an Selen, Eisen und Calcium beruhigt Tofu das Nervensystem und stabilisiert den Hormonhaushalt. Dadurch empfinden Sie mehr Harmonie und weniger Stress. Die Himbeeren fügen noch Antioxidantien, sekundäre Pflanzenstoffe und, gemeinsam mit der Vanille, den Geschmack hinzu.

REZEPT

400 g frischer Tofu
25 Himbeeren
1 Vanilleschote
Mandelflocken zum Bestreuen

Tofu und Himbeeren in einem Mixer cremig mixen. Die Vanilleschote längs aufschneiden, die kleinen schwarzen Samen herauskratzen und unterrühren. Mit Mandelflocken bestreuen und sofort trinken.

Die Tofuherstellung wurde vor ungefähr 2000 Jahren in China erfunden.

043

Bananen-Datteln-Aprikosen-Joghurt-Smoothie

Ein beruhigender Smoothie für schwere Zeiten.

NÄHRSTOFFE

Vitamine A, B1, B2, B3, B5, B6, B12, C, D, K, Betacarotin, Folsäure; Calcium, Chrom, Jod, Eisen, Kalium, Magnesium, Mangan, Phosphor, Selen, Zink; Tryptophan

Dieser delikate Smoothie steckt voller stressabbauender B-Vitamine und Folsäure, die die Produktion von Neurotransmittern anregen. Die chemischen Botenstoffe fördern das klare Denken und machen Sie ruhiger. Bananen enthalten viel Kalium, das der Körper schnell verdaut und unter Druck ebenso schnell verliert. Datteln und Aprikosen führen zu einem sofortigen Energieschub. Schnell fühlen Sie sich munterer und sehen schwierigen Situationen gelassener entgegen.

REZEPT

2 Bananen, geschält
2 Datteln, entsteint
2 getrocknete Aprikosen
200 ml Bio-Naturjoghurt

Alle Zutaten in den Mixer geben und cremig mixen. Sofort trinken.

040

Bananen-Avocado-Soja-Smoothie

NÄHRSTOFFE

Vitamine A, B1, B2, B3, B5, B6, C, E, K, Betacarotin, Biotin, Folsäure; Calcium, Chrom, Eisen, Kalium, Kupfer, Magnesium, Mangan, Phosphor, Selen, Zink; Omega-6-Fettsäuren; Tryptophan

Wenn Stress Sie nachts wach hält, trinken Sie diesen Smoothie, und der Schlaf wird kommen.

Die Aminosäure Tryptophan ist in Bananen, Avocados und Sojaprodukten enthalten und wird im Gehirn in Serotonin umgewandelt, einen Stoff, der stimmungsaufhellend und schlaffördernd wirkt. Diese Umwandlung funktioniert am besten, wenn ausreichend Magnesium, Vitamin B6 und Vitamin B3 vorhanden sind. Dieses Rezept enthält alle drei Nährstoffe.

Banane Reich an Tryptophan und Magnesium, das die Adrenaldrüse beim Abbau von Stress unterstützt, enthalten Bananen

REZEPT

1 reife Banane, geschält
1 Avocado, geschält und entkernt
400 ml Sojamilch
1 EL Sonnenblumenkerne

Banane, Avocado und Sojamilch im Mixer cremig mixen. Mit Sonnenblumenkernen bestreuen und sofort trinken.

ebenfalls den wirkungsvollen Antistress-Nährstoff Vitamin B6.

Avocado Sie enthält viele, schalffördernde B-Vitamine. Das ebenfalls reichlich vorhandene Vitamin E dient dem Abbau freier Radikale, die unter Stress produziert werden.

Sojamilch Als Tryptophanquelle ist Sojamilch für Menschen mit Laktoseintoleranz eine gute Alternative zur Kuhmilch. Sojaprodukte wirken cholesterinsenkend und schützen das Herz.

Sonnenblumenkerne enthalten nicht nur Tryptophan, sondern auch Zink, das der Körper bei Stress schnell verbraucht. Außerdem sind sie reich an Vitamin E. Mithilfe dieses Vitamins werden Arterienverkalkungen und Blutgerinnsel verhindert, die zu schweren Herzerkrankungen führen können.

ZUBEREITUNGSTIPPS

- Wickeln Sie die Banane mit einem Apfel in Backpapier ein, so beschleunigen Sie ihren Reifungsprozess.
- Eine reife Avocado hat weder dunkle Flecken noch eingesunkene Stellen, aber sie gibt einem leichten Druck mit dem Finger nach.
- Sojamilch enthält kein Calcium. Wählen Sie eine mit Calcium angereicherte Sorte.
- Aufgrund ihres hohen Fettgehaltes werden Sonnenblumenkerne schnell ranzig. Lagern Sie sie daher luftdicht verschlossen im Kühlschrank.

Verwenden Sie Weizen- oder Reismilch als pflanzliche Alternative zur Sojamilch.

045

Bananen-Kokosmilch-Zitronengras-Smoothie

NÄHRSTOFFE
Vitamine A, B3, B6, C, K, Folsäure; Calcium, Chrom, Eisen, Kalium, Magnesium, Mangan, Natrium, Phosphor, Selen, Zink; Tryptophan

Dieser Drink senkt stressbedingten Bluthochdruck.

Das in den Bananen enthaltene Kalium stabilisiert den Blutdruck und hält das Herz gesund. Beides wird von Stress beeinflusst. Reich an Calcium und Magnesium unterstützt Kokosmilch die Arbeit der Nebenniere. Zitronengras enthält Mangan, stärkt dadurch das Nervensystem und hält Stress auf Abstand.

Verwenden Sie für einen eiskalten Drink gefrorene Bananen.

REZEPT

2 reife Bananen, geschält
450 ml Kokosmilch
1 Stängel Zitronengras (ohne die äußeren Blätter), grob gewürfelt

Bananen, Kokosmilch und Zitronengras in einen Mixer geben und cremig mixen. Umrühren und sofort trinken.

046

Tomate, Karotte & Rosmarin

Dieser nahrhafte Saft stärkt das von Stress angegriffene Immunsystem und das Herz.

Tomaten stecken voller Vitamin C, ohne das der Körper Calcium und Eisen – zwei für ein gesundes Nervensystem wichtige Mineralstoffe – nicht aufnehmen könnte. Das in Tomaten und Karotten in großen Mengen enthaltene Betacarotin wird vom Körper in Vitamin A umgewandelt, ein wirkungsvolles Antioxidans, das eine Schlüsselrolle für das Immunsystem spielt und vor allem wichtig ist, wenn Stresshormone im Körper zirkulieren. Das stark duftende Gewürz Rosmarin fördert den Kreislauf und stärkt das Kapillarsystem, was für ein gesundes Herz unerlässlich ist.

NÄHRSTOFFE

Vitamine B1, B2, B3, B5; B6, C, E, K, Betacarotin, Folsäure; Calcium, Chrom, Eisen, Kalium, Kupfer, Magnesium, Mangan, Natrium, Phosphor; Lycopin; Tryptophan

REZEPT

- **4 große Tomaten, in Spalten**
- **3 große Karotten, grob gewürfelt**
- **1 Handvoll frische Rosmarinzweige**

Tomaten- und Karottenstücke abwechselnd mit dem Rosmarin in den Entsafter geben und entsaften. Umrühren und sofort trinken.

040

Karotte, Knollensellerie & Rote Bete

NÄHRSTOFFE
Vitamine B6, C, K, Betacarotin, Biotin, Folsäure; Calcium, Chrom, Eisen, Kalium, Magnesium, Mangan, Natrium, Phosphor

Ein Mix gegen das Immunsystem schwächenden Dauerstress.

Dauerstress schwächt das Immunsystem. Der hohe Betacarotin-Gehalt von Karotten lindert diesen Effekt. Knollensellerie reduziert Bluthochdruck, ist reich an Calcium sowie an den Vitaminen C und B6 und daher ein großartiges Tonikum für das Nervensystem. Reich an Folsäure ist Rote Bete eines der am besten geeigneten Gemüse gegen Stimmungsschwankungen.

Um den strengen Selleriegeschmack zu mildern, können Sie einen Spritzer Zitronensaft zugeben.

REZEPT

4 große Karotten, grob gewürfelt
1 Knollensellerie, geschält und grob gewürfelt
2 kleine Rote Bete, grob gewürfelt

Die Gemüsestücke abwechselnd in den Entsafter geben und entsaften. Umrühren und sofort trinken.

048

Zucchini, grüner Salat & Petersilie

Dieser entspannende Saft ist zur Schlafenszeit eine gute Alternative zum Schäfchenzählen.

Die in der Zucchini enthaltene Folsäure unterstützt die chemischen Prozesse im Gehirn, die eine bestimmte Art von Neurotransmittern in eine andere umwandeln. Dadurch entsteht das Gefühl der Ruhe. Gemeinsam mit der Petersilie bildet die Zucchini eine Vitamin-B1-Quelle, durch die der Stressspiegel gesenkt und das Nervensystem gestärkt wird. Salat enthält Laktone – natürliche Beruhigungsopiate, die bereits von den alten Syrern als mildes Beruhigungsmittel genutzt wurden. Die alten Griechen hielten Salat für schlaffördernd und servierten ihn am Ende einer Mahlzeit. Vor allem die dunkelblättrigen Sorten enthalten viel Chlorophyll. Dieses hält das Blut gesund und reduziert das Risiko einer Herzerkrankung.

REZEPT

½ halber Kopfsalat, Blätter abgelöst
3 große Zucchini, grob gewürfelt
1 Handvoll Petersilienzweige

Die Salatblätter um die Zucchinistücke und die Petersilienzweige wickeln. Abwechselnd in den Entsafter geben und entsaften. Umrühren und sofort trinken.

NÄHRSTOFFE

Vitamine B1, B2, B3, C, D, E, Betacarotin, Folsäure; Calcium, Eisen, Jod, Kalium, Magnesium, Mangan, Natrium, Phosphor, Selen, Zink; Chlorophyll

049

Salatgurke, Brunnenkresse & Süßholzwurzel

NÄHRSTOFFE

Vitamine A, B3, B5, C, E, Beta-carotin, Biotin, Folsäure; Calcium, Chrom, Eisen, Jod, Kalium, Kieselerde, Magnesium, Mangan, Phosphor, Zink; Lecithin, Tryptophan

REZEPT

1 großer Bund Brunnenkresse
4-cm-Stück Süßholzwurzel, grob gewürfelt
1 Salatgurke, grob gewürfelt

Die Brunnenkresse um die Süßholzwurzel- und Gurkenwürfel wickeln. Abwechselnd in den Entsafter geben und entsaften, umrühren und sofort trinken.

Ein Entspannungsmix: beruhigend und erfrischend.

Eine Salatgurke kann in ihrem Inneren bis zu 11 °C kälter sein als die Außentemperatur. So wirkt dieser Saft in der Tat kühlend. Brunnenkresse ist eine exzellente Quelle für die antioxidativen Vitamine A, C und E, die den Körper vor Schäden durch stressbedingte freie Radikale schützen. Als traditioneller Stresslinderer liefert die Süßholzwurzel wichtige Nährstoffe für die Adrenaldrüse und unterstützt die Bildung, Stärke und Entspannung der Muskeln.

050

Avocado, Brokkoli & Pak Choi

Dieser cremig-grüne Saft senkt den Cholesterinspiegel, der durch Stress oft erhöht ist.

Das Spurenelement Kalium in Avocados ist förderlich für das Muskel- und Nervensystem, die Ölsäure, ein einfach ungesättigtes Fett, wirkt cholesterinsenkend. Als pflanzliche Calciumquelle unterstützt Brokkoli die Muskelentspannung. Pak Choi ist ein Blattgemüse aus China, gehört zur Kohlfamilie und hat einen milden, senfigen Geschmack. Sowohl Blätter als auch Stiele können entsaftet werden. Der hohe Betacarotin-Gehalt unterstützt den Körper beim Umgang mit Stresshormonen.

NÄHRSTOFFE

Vitamine B1, B2, B3, B5, B6, C, E, K, Betacarotin, Folsäure; Calcium, Eisen, Kalium, Kupfer, Magnesium, Mangan, Natrium, Phosphor, Zink; Tryptophan

Mit einem Spritzer Tabasco können Sie den Saft etwas würziger gestalten.

REZEPT

3 Brokkoli, grob gewürfelt
1 Pak Choi, längs geviertelt
1 Avocado, geschält und entkernt

Brokkoli und Pak Choi abwechselnd in den Entsafter geben und entsaften. Den Gemüsesaft zusammen mit der Avocado in einen Mixer geben und cremig mixen. Sofort trinken.

Apfel, Johannisbeeren- & Assai-Beeren

NÄHRSTOFFE
Vitamine B1, B2, B3, C, E, K, Betacarotin, Folsäure; Calcium, Eisen, Kalium, Kupfer, Magnesium, Phosphor, Zink; Anthocyane; Omega-3-, Omega-6- und Omega-9-Fettsäuren; Pektin

REZEPT

4 Äpfel, in Spalten
40 schwarze Johannisbeeren
1 EL Assai-Beerensaft oder aufgetautes Beerenmark

Apfelstücke und Johannisbeeren abwechselnd in den Entsafter geben und entsaften. Assai-Beerensaft oder -mark einrühren und sofort trinken.

Hier verstecken sich viele verjüngende Nährstoffe.

Äpfel und Johannisbeeren sind reich an Vitamin C, das die Kollagenproduktion stimuliert – wesentlich für eine glatte Haut. Die als „Superbeere“ gefeierte, nach Schokolade schmeckende Assai-Beere stammt aus den brasilianischen Regenwäldern. Als Saft oder Mark im Handel steckt sie voller hautglättender Omega-3-, Omega-6- und Omega-9-Fettsäuren.

052

Grapefruit-Granatapfel-Crush

Auf Crush-Eis serviert, ist dieses süßsaure, hautglättende Duo ein wunderbarer Durstlöscher.

Grapefruitsaft enthält Bioflavonoide, die das für die Gesundheit der Haut wichtige Vitamin C verwertbar machen. Ein Granatapfel deckt 40 Prozent des Tagesbedarfs an Vitamin C und versorgt den Körper mit Phytoöstrogenen, die Hormonschwankungen und vorzeitiger Alterung entgegenwirken. Granatapfelsaft enthält Antioxidantien, die vor allem in der Haut wirksam werden und die Schutzfaktoren einer Sonnencreme verstärken.

Rote Grapefruits enthalten mehr Lycopin als die goldgelben Sorten.

NÄHRSTOFFE

Vitamine B3, C, E, Betacarotin, Folsäure; Eisen, Kalium; Bioflavonoide; Lycopin; Pektin

REZEPT

2 Grapefruits, geschält und filetiert
300 ml Wasser, zu Eiswürfeln gefroren
2 Granatäpfel, halbiert

Die Grapefruitstücke in den Entsafter geben und entsaften. Das Eis in einem Mixer zerkleinern, den Saft zugießen und untermixen. Die Granatapfelsamen mit einem Holzlöffel herauslösen und in den Grapefruit-Crush geben. Umrühren und sofort trinken.

053

Erdbeeren, Kirschen & Passionsfrucht

NÄHRSTOFFE
Vitamine B2, B3, B5, B6, C, K, Betacarotin, Folsäure; Calcium, Jod, Kalium, Kupfer, Magnesium, Mangan, Natrium, Phosphor; Bioflavonoide; Polyphenole

Nährstoffe, die für ein Mehr an Kollagen sorgen.

Erdbeeren gehören zu den reichhaltigsten Quellen an Polyphenolen. Diese Antioxidantien stehen mit der Gesundheit der Haut in Zusammenhang. Durch die Anregung der Kollagenproduktion erhalten sie die Elastizität der Haut und helfen ihr, faltenfrei zu bleiben. Kirschen enthalten eine hohe Konzentration an Antioxidantien, die das Kollagen erhalten und regenerieren. Samen und Fleisch der Passionsfrucht stützen die Konsistenz und fügen Ballaststoffe und Vitamin C hinzu – das alles für den Erhalt einer jugendlichen Haut.

REZEPT

25 Erdbeeren
25 Kirschen, entsteint
2 Passionsfrüchte, halbiert

Erdbeeren und Kirschen abwechselnd in den Entsafter geben und entsaften. Fruchtfleisch und Samen der Passionsfrucht aus der Schale lösen und zufügen. Umrühren und sofort trinken.

Orange, Nektarine & Limette

Dieser erfrischende Saft dient vor allem der Rehydrierung trockener Haut.

NÄHRSTOFFE

Vitamine B1, B3, B5, C, Betacarotin, Folsäure; Calcium, Kalium, Magnesium, Phosphor; Bioflavonoide; Zitronensäure

Orangen sind eine hervorragende Quelle an Vitamin C, dessen Mangel für einen Kollagenabbau und eine vorzeitige Hautalterung verantwortlich gemacht wird. Nektarinen dienen der Versorgung mit Kalium, für Enzyme unerlässliche Spurenelemente. Untersuchungen haben ergeben, dass die in der Limette enthaltenen Flavonoide die Haut vor UV-Strahlen schützen. Die meisten Flavonoide wurden in der weißen Haut der Frucht nachgewiesen. Versuchen Sie daher, beim Schälen möglichst viel der äußeren weißen Haut zu erhalten.

Ein Nektarinenbaum kann gelegentlich Pfirsiche an einem Zweig tragen und umgekehrt.

REZEPT

- **3 Orangen, geschält und filetiert**
- **2 Nektarinen, entsteint und geviertelt**
- **1 Limette, geschält und geviertelt**

Die Fruchtstücke in den Entsafter geben und entsaften. Umrühren und sofort trinken.

Orange, Papaya & Pflaume

NÄHRSTOFFE
Vitamine B1, B2, B3, B5, C, E, Betacarotin, Folsäure; Calcium, Eisen, Kalium, Natrium, Phosphor, Silizium; Papain

Mildern Sie Tränensäcke und Hautunreinheiten mit diesem entgiftenden und hautklärenden Saft.

Aufgrund ihres hohen Vitamin-C-Gehalts sind Orangen ein wirklich verjüngendes Nahrungsmittel. Bei einem Vitamin-C-Mangel ist die Haut weniger elastisch und neigt zu Schlaffheit und Falten. Papaya ist eine weitere großartige Vitamin-C-Quelle. Viele Hautfehler sind auf ein Ungleichgewicht im Verdauungssystem zurückzuführen. Das in der Papaya enthaltene Enzym Papain unterstützt die Aufnahme von Proteinen und wirkt verdauungsfördernd. Pflaumen sind reich an Eisen und fördern eine gesunde, glänzende Haut.

REZEPT

3 Orangen, geschält und filetiert
1 Papaya, geschält, entkernt und grob gewürfelt
6 Pflaumen, entsteint und halbiert

Die Fruchtstücke abwechselnd in den Entsafter geben und entsaften. Umrühren und sofort trinken.

056

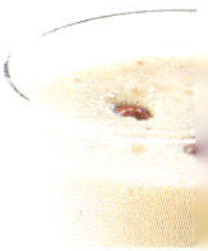

Preiselbeeren, Joghurt & Goji-Beeren

Das ultimative Mixgetränk, um den Zahn der Zeit zu verlangsamen.

Das Vitamin C der Preiselbeeren unterstützt gemeinsam mit dem Calcium des Joghurts die Kollagenproduktion im Körper und hält die Haut gesund. Goji-Beeren wachsen im Himalaya und sind bei uns nur als Saft erhältlich, da die empfindlichen Früchte den Transport nicht überstehen würden. Es handelt sich um extrem nährstoffhaltige Früchte mit 18 Aminosäuren, 21 Spurenelementen und einer großen Menge an Vitamin C.

NÄHRSTOFFE

Vitamine A, B1, B2, B5, B6, B12, C, D, E, Betacarotin; Calcium, Eisen, Jod, Kalium, Kupfer, Mangan, Phosphor, Selen, Zink; Aminosäuren

REZEPT

40 Preiselbeeren
450 ml Bio-Naturjoghurt
1 EL fertiger Goji-Beerensaft

Preiselbeeren, Joghurt und Goji-Beerensaft in einen Mixer geben und cremig mixen. Sofort trinken.

Vorsicht! In Verbindung mit blutverdünnenden Medikamenten kann Preiselbeersaft toxische Reaktionen hervorrufen.

057

Melone, Himbeeren & Pfefferminze

NÄHRSTOFFE
Vitamine B1, B2, B3, B6, C, Betacarotin, Folsäure; Calcium, Chrom, Eisen, Kalium, Kupfer, Magnesium, Mangan, Natrium, Phosphor, Selen

Eine köstliche Mischung, die Ihre Haut zum Leuchten bringen wird.

Dank des hohen Wassergehalts der Melone ist dieser Saft besonders nahrhaft und reinigt die Haut. Himbeeren enthalten fast 50 Prozent mehr Antioxidantien als Erdbeeren, dreimal mehr als Kiwis und zehnmal mehr als Tomaten. Ihr hoher Vitamin-C- und Flavonoid-Gehalt fördert die Mikrozirkulation der Haut, wodurch sie rosig schimmert und Unreinheiten schneller abgebaut werden. Pfefferminze ist eine gute Quelle an Vitamin B3, ebenfalls ein wesentliches Vitamin für die Durchblutung und Gesundheit der Haut. Für eine optimale Wirkung sollten Sie den Saft auf leeren Magen trinken und 15 Minuten warten, bevor Sie feste Nahrung zu sich nehmen.

REZEPT

1 Handvoll frische Pfefferminze
25 Himbeeren
1 Melone, geschält, entkernt und grob gewürfelt

Die Pfefferminzblätter um die Himbeeren wickeln, abwechselnd mit den Melonenwürfeln in den Entsafter geben und entsaften. Umrühren und sofort trinken.

058

Ananas, Orange & Kokosnuss

Dieses geschmackvolle Trio beruhigt den Teint, lindert Hautflecken und -entzündungen.

NÄHRSTOFFE

Vitamine B1, B2, B3, B5, B6, C, K, Betacarotin, Folsäure; Calcium, Eisen, Kalium, Kupfer, Magnesium, Mangan, Natrium, Phosphor, Selen, Zink; Bromelain

Ananas ist ausgesprochen reich an Vitamin C und Bromelain, einem Enzym mit entzüngshemmenden Eigenschaften zur Förderung einer glatten, fleckenfreien Haut. Auch Orangen enthalten Vitamin C, das die Hautalterung verlangsamt. Mit köstlich süßem Geschmack ist die Kokosnuss eine gute Zinkquelle. Zink wird in jeder Zelle des Körpers benötigt und fördert das Haarwachstum. Außerdem enthält die Kokosnuss Laurinsäure, die in der Lage ist, Falten zu straffen und gereizte Haut zu glätten.

REZEPT

- **1 Ananas, geschält und grob gewürfelt**
- **2 Orangen, geschält und filetiert**
- **1 frische Kokosnuss, halbiert, geschält und zerkleinert**

Die Fruchtstücke abwechselnd in den Entsafter geben und entsaften. Umrühren und sofort trinken.

050

Apfel, Karotte & Nachtkerzenöl

NÄHRSTOFFE
Vitamine C, E, K, Betacarotin, Folsäure; Calcium, Chrom, Eisen, Kalium, Magnesium, Phosphor; Gamma-Linolensäure, Omega-6-Fettsäuren; Pektin

Eine trinkbare und köstliche Feuchtigkeitscreme.

Äpfel enthalten viel Vitamin C, das die Produktion von Kollagen fördert und so die Haut straff hält. Das Betacarotin der Karotte stimuliert die Aktivität der essenziellen Fettsäuren, vor allem der Gamma-Linolensäure. Diese ist im Nachtkerzenöl vorhanden und für die Gesundheit der Haut wichtig. Omega-6-Fettsäuren sind für eine gesunde Zellerneuerung unerlässlich, fördern die Durchblutung der Haut und wirken Falten entgegen. Nachtkerzenöl ist ebenfalls reich an Vitamin E.

REZEPT

4 Äpfel, in Spalten
3 große Karotten, grob gewürfelt
1 EL Nachtkerzenöl

Apfel- und Karottenstücke abwechselnd in den Entsafter geben und entsaften. Das Nachtkerzenöl unterrühren und sofort trinken.

090

Tofu-Blaubeeren-Hanföl-Smoothie

Dieser Drink ist ein Jungbrunnen für die Haut.

Tofu ist reich an Proteinen, dem Rohmaterial für die Bildung von Kollagen. Kollagen wiederum strafft Falten und verleiht eine jugendliche Haut. Blaubeeren hingegen enthalten Anthocyane, die durch freie Radikale entstandene Hautschäden neutralisieren. Als wahres „Superöl“ steckt Hanföl voller Nährstoffe: Es enthält 21 Mineralien, 13 Vitamine, acht Amino- und zwei essenzielle Fettsäuren. All diese Nährstoffe spielen Schlüsselrollen bei der Erhaltung des Mukeltonus und gesunder Haut.

NÄHRSTOFFE

Vitamine A, C, E, K, Betacarotin; Calcium, Eisen, Kalium, Kupfer, Magnesium, Mangan, Phosphor, Schwefel, Selen, Zink; Aminosäuren; Anthocyane; Chlorophyll; Gamma-Linolensäure; Omega-3-Fettsäuren und Omega-6-Fettsäuren; Tryptophan

REZEPT

400 g frischer Tofu
40 Blaubeeren
1 EL Hanföl

Tofu und Blaubeeren in einem Mixer cremig mixen. Das Hanföl einrühren und sofort trinken.

Hanföl besteht zu 80 Prozent aus essenziellen Fettsäuren.

061

Karotte, Salatgurke, Oliven & Basilikum

NÄHRSTOFFE
Vitamine B1, B2, C, D, E, K, Betacarotin, Folsäure; Calcium, Chrom, Eisen, Kalium, Kieselerde, Kupfer, Magnesium, Mangan, Phosphor; Omega-3-Fettsäuren, essenzielle Omega-6-Fettsäuren; Tryptophan

Studien haben gezeigt, dass das Öl in Basilikumblättern stark antibakteriell wirkt.

Dieser köstliche und nahrhafte Drink enthält eine große Dosis an zellverjüngenden Nährstoffen.

Ernährung und Lebensstil haben einen großen Einfluss auf die Haut. Toxine, Süßigkeiten, gesättigte Fettsäuren, Nikotin, Umweltverschmutzung und exzessive Sonnenbäder können die Poren verschließen und zu vorzeitiger Hautalterung führen.

Karotte Dieses Gemüse ist vor allem wegen seines wichtigsten Nährstoffs Betacarotin bekannt, das in Saftform sehr leicht verdaulich ist. Betacarotin verlangsamt den Alterungsprozess und hält die Haut straff und gesund.

REZEPT

1 Handvoll frische Basilikumblätter
10 Oliven, entsteint
3 große Karotten, grob gewürfelt
½ Salatgurke, grob gewürfelt

Die Basilikumblätter um die Oliven, Karotten- und Gurkenwürfel wickeln, abwechselnd in den Entsafter geben und entsaften. Umrühren und sofort trinken.

Salatgurke Als großzügiger Lieferant von Kieselerde wird die Gurke häufig zur Verbesserung des Teints empfohlen. Kieselerde ist ein wichtiger Bestandteil eines gesunden Bindegewebes. Der hohe Wassergehalt der Gurke führt zu einer natürlichen Feuchtigkeit – ein Muss für klare Haut.

Oliven Kollagen, der „Kleber", der das Muskelgewebe zusammenhält, benötigt Kupfer. Oliven sind dafür eine gute Quelle. Sie enthalten auch Vitamin E, das Hautprobleme wie Ekzeme, Sonnenbrand oder Dehnungsstreifen lindert.

Basilikum Dieses Kraut ist reich an Mangan, das für die Entwicklung von Haut, Knochen und Knorpel benötigt wird. Außerdem regt es den Blutfluss an und belebt so den jugendlichen Schimmer der Haut.

ZUBEREITUNGSTIPPS

- Wenn Sie Karotten mit grünen Trieben kaufen, sollten Sie diese vor dem Lagern entfernen. Sie entziehen der Möhre Feuchtigkeit und lassen sie schneller welken.

- Lagern Sie Karotten nicht zusammen mit Äpfeln, Birnen, Kartoffeln oder anderen Früchten und Gemüsesorten, die das Gas Ethylen produzieren und die Karotten bitter schmecken lassen.

- Belassen Sie die Schale auf ungewachsten Salatgurken, schälen Sie nur die gewachsten. Ungewachste Gurken verlieren schnell Feuchtigkeit. Wickeln Sie sie daher fest in Frischhaltefolie ein.

- Drücken Sie Oliven mit der flachen Seite eines Messers auf einen festen Untergrund, um sie zu entsteinen. Öffnen Sie das Fleisch und entfernen Sie den Stein mit den Fingern.

Karotte, Spargel & Zitronengras

NÄHRSTOFFE
Vitamine B1, B2, B3, B6, C, E, K, Betacarotin, Folsäure; Calcium, Chrom, Eisen, Kalium, Kupfer, Magnesium, Mangan, Natrium, Phosphor, Selen, Zink; Tryptophan

Ein Saft, der voller Nährstoffe zur Regenierierung der Haut.

Die antioxidativen Eigenschaften der Karotte sind entscheidend für gesunde Blutkörperchen und eine schöne Haut. Spargel ist eine der wenigen pflanzlichen Quellen des junghaltenden Vitamins E. In der thailändischen Küche sehr beliebt, findet man Zitronengras auch in vielen Salben zur Hautbehandlung, etwa gegen Akne oder Zellulitis. Innerlich eingenommen, unterstützt es die Entgiftung der Lymphgefäße, stärkt das Bindegewebe und glättet die Haut.

Mit einer Schere können Sie die verholzten Spargelenden schneller abschneiden.

REZEPT

4 große Karotten, grob gewürfelt
10 Spargelstangen, in Stücke geschnitten
1 Stängel Zitronengras (ohne die äußeren Blätter), in Stücke geschnitten

Die Zutaten abwechselnd in den Entsafter geben und entsaften. Umrühren und sofort trinken.

063

Avocado-Sojajoghurt-Nori-Smoothie

Dieser Smoothie enthält zahlreiche Nährstoffe für die Haut und kann auch als Maske verwendet werden.

Avocados sind eine reichhaltige Quelle einfach ungesättigter Fettsäuren, einschließlich Ölsäure und Vitamin E – allesamt versorgen sie die Haut mit Feuchtigkeit. Die Früchte enthalten ebenfalls Stoffe, die die Kollagenproduktion anregen, die wichtigste Abwehr des Körpers gegen Falten. Auch Sojamilch enthält Vitamin E sowie das für Zellerneuerung und Gewebe so wichtige Magnesium. Dunkle Nori sind die am besten verdaulichen Meeresalgen und enthalten eine Fülle von Nährstoffen zum Schutz der Haut, sodass sie fest und glatt bleibt.

NÄHRSTOFFE

Vitamine A, B1, B2, B3, B5, B6, C, D, E, K, Betacarotin, Biotin, Folsäure; Calcium, Eisen, Jod, Kalium, Kupfer, Magnesium, Mangan, Natrium, Phosphor, Zink; Lignane; Omega-6-Fettsäuren; Tryptophan

REZEPT

1 Avocado, geschält und entkernt
300 ml Sojajoghurt
1 EL Nori-Flocken

Avocado und Joghurt cremig mixen. Mit Nori-Flocken bestreuen und sofort trinken.

Apfel, Kirschen & Feige

NÄHRSTOFFE
Vitamine C, K, Betacarotin; Calcium, Kalium, Magnesium, Mangan, Phosphor; Bioflavonoide; Apfelsäure; Pektin; Tryptophan

Dieser Saft schont den Magen und regt ein träges Verdauungssystem an.

Ein reifer, roher Apfel ist unter allen Nahrungsmitteln für den Magen am leichtesten zu verdauen, vor allem in Form von Saft. Das im Apfel enthaltene Pektin vermehrt die nützlichen Darmbakterien und steigert, wie ein Ballaststoff wirkend, die Darmbewegungen. Doch interessanterweise hilft es auch gegen Durchfall. Kirschen wirken krampflösend und entzündungshemmend und verschaffen Linderung bei einem Reizdarmsyndrom oder einer Arthritis. Feigen enthalten Ficin, ein nützliches, Proteine aufbrechendes Enzym mit abführender Wirkung.

REZEPT

4 Äpfel, in Spalten
2 Feigen, halbiert
25 Kirschen, entsteint

Fruchtstücke und Kirschen abwechselnd in den Entsafter geben und entsaften. Umrühren und sofort trinken.

065

Papaya, Aprikose & Blaubeeren

In diesem kräftigen und süßen Saft verstecken sich zahlreiche verdauungsfreundliche Nährstoffe.

Das in der Papaya enthaltene Enzym Papain unterstützt die Verdauung von Proteinen. Als natürliches Abführmittel regt Aprikosensaft den Darm an. Papaya und Aprikose enthalten Salicylat, eine Verbindung mit schmerzstillenden Eigenschaften. Blaubeeren sind reich an Pektin, einem löslichen und cholesterinsenkenden Ballaststoff. Pektin verhindert, dass Gallensäure im Darm zu einer möglicherweise krebserregenden Verbindung umgewandelt wird.

NÄHRSTOFFE

Vitamine B2, B3, B5, C, E, Betacarotin, Folsäure; Calcium, Eisen, Jod, Kalium, Magnesium, Mangan, Natrium, Phosphor, Silizium, Zink; Papain; Pektin; Tryptophan

Papaya unterstützt die Neubildung der nützlichen Darmbakterien nach der Einnahme von Antibiotika.

REZEPT

1 Papaya, geschält, entkernt und grob gewürfelt
4 Aprikosen, entsteint und halbiert
40 Blaubeeren

Fruchtstücke und Beeren in den Entsafter geben und entsaften. Umrühren und sofort trinken.

Birne, Papaya & Ingwer

NÄHRSTOFFE
Vitamine B6, C, E, Betacarotin, Folsäure; Calcium, Eisen, Jod, Kalium, Kupfer, Magnesium, Mangan, Natrium, Phosphor, Silizium, Zink; Papain; Pektin

REZEPT

3 große, reife Birnen, grob gewürfelt
1 Papaya, geschält, entkernt und grob gewürfelt
4-cm-Stück frischer Ingwer, geschält und grob gewürfelt

Birnen-, Papaya- und Ingwerwürfel abwechselnd in den Entsafter geben und entsaften. Umrühren und sofort trinken.

Voller wichtiger Enzyme und Ballaststoffe wirkt dieses Trio wie eine Tiefenreinigung für das Verdauungssystem.

Frisches Obst und rohes Gemüse enthalten immer Enzyme, die den Körper bei seiner Verdauungsarbeit entlasten. Rohe Säfte sind besonders wohltuend, da die Enzyme hier in einer Form vorliegen, die der Körper mit Leichtigkeit verdauen kann.

Birne Der hohe Anteil des löslichen Ballaststoffes Pektin in dieser Frucht bindet karzinogene Stoffe im Darm, bevor sie die Darmzellen zerstören können. Birnen sind ebenfalls eine gute Quelle des Spurenelements Kupfer, dessen Mangel mit einem erhöhten Darmkrebsrisiko in Verbindung gebracht wird. Untersuchungen haben ergeben, dass Birnen unter allen Lebensmitteln die wenigsten Allergene enthalten.

Papaya Reich an Ballaststoffen, die die Ausscheidung von Giften fördern, ist Papaya bei einem Reizdarmsyndrom besonders hilfreich. Die Frucht ist ebenfalls reich an proteinaufbrechenden Enzymen wie Papain und Chymopapain, die den Verdauungsprozess ankurbeln. Laut einiger Untersuchungen wirken diese

Enzyme auch entzündungshemmend und erhöhen die Aufnahme von Nährstoffen aus der Nahrung.

Ingwer Die Wurzel der Ingwerpflanze wird häufig als Verdauungshilfe bei leichten Magenverstimmungen eingesetzt und in der professionellen Kräuterkunde bei Seekrankheit empfohlen, um Übelkeit und Erbrechen zu bekämpfen. Mehrere Studien haben ergeben, dass Ingwer ebenso bei Übelkeit und Erbrechen während der Frühschwangerschaft lindernd wirken kann.

ZUBEREITUNGSTIPPS

- Birnen reifen von innen nach außen. Drücken Sie mit dem Daumen in der Nähe des Stiels, um festzustellen, ob sie reif sind. Wenn sie leicht nachgeben, ist dies der Fall.
- Birnensaft wird klarer, wenn die Birnen im Kühlschrank gelagert wurden.
- Auch wenn das Fruchtfleisch der Papaya keinerlei Toxine enthält, befinden sich kleinste Mengen toxischer Substanzen, die das Nervensystem belasten, in den Samen. Daher sollten diese vor dem Entsaften entfernt werden.
- Verwenden Sie frischen und keinen getrockneten Ingwer. Er schmeckt besser und enthält einen höheren Anteil der entzündungshemmenden Komponente Gingerol.

Die alten Griechen nutzten Ingwer bei Verdauungsproblemen und als Gegenmittel bei einer Vergiftung.

067

Bananen-Eisjoghurt-Ingwer-Smoothie

NÄHRSTOFFE
Vitamine A, B2, B5, B6, B12, C, D, K, Betacarotin, Folsäure; Calcium, Chrom, Eisen, Jod, Kalium, Kupfer, Magnesium, Mangan, Natrium, Phosphor, Zink; Tryptophan

Übelkeit auf Reisen? Dieser Trunk hilft!

Die Bananen machen aus diesem Smoothie einen sowohl sättigenden als auch nahrhaften Drink. Sie enthalten faserreiche Oligosaccharide, die in Verbindung mit dem *Lactobacillus Acidophilus* aus dem Joghurt die Vermehrung der nützlichen Darmbakterien fördern. Bananen schützen den Magen außerdem vor einer Übersäuerung, die mit Bauch- und Magenschmerzen sowie Verdauungsstörungen einhergeht. Ingwer absorbiert und neutralisiert Toxine im Magen und regt den Kreislauf an, was einer Reiseübelkeit vorbeugen kann.

REZEPT

2 reife Bananen, geschält
400 ml Bio-Naturjoghurt, tiefgefroren
2-cm-Stück frischer Ingwer, geschält und grob gewürfelt

Bananen, Joghurt und Ingwer in einem Mixer cremig mixen. Sofort löffeln oder nach 10 Minuten trinken.

Für einen geschmacklichen Kick vermischen Sie den Joghurt mit etwas Vanilleeis.

090

Johannisbeeren-Bananen-Joghurt-Smoothie

Dieser Saft lindert das Reizdarmsyndrom und schmeckt dazu noch köstlich.

Eine Handvoll Johannisbeeren enthält ein Zehntel der täglich benötigten Ballaststoffmenge – wesentlich für eine gute Verdauung. Bananen entfalten im Magen eine säurebindende Wirkung. Bio-Joghurt versorgt den Körper mit dem nützlichen Darmbakterium *Acidophilus.* Als großzügige Lieferanten essenzieller Fettsäuren beruhigen Kürbiskerne einen gereizten Darm.

NÄHRSTOFFE

Vitamine A, B1, B2, B3, B5, B12, C, D, E, Betacarotin, Folsäure; Calcium, Eisen, Jod, Kalium, Magnesium, Mangan, Phosphor, Selen, Zink; Omega-3-Fettsäuren und Omega-6-Fettsäuren

REZEPT

25 schwarze Johannisbeeren
1 reife Banane, geschält
400 ml Bio-Naturjoghurt
1 EL Kürbiskerne

Beeren, Banane und Joghurt im Mixer cremig mixen. Mit den Kürbiskernen bestreuen und sofort trinken.

Salatgurke, Sellerie & Kiwi

NÄHRSTOFFE
Vitamine B1, B2, B6, C, E, Betacarotin, Folsäure; Calcium, Eisen, Kalium, Kieselerde, Kupfer, Magnesium, Mangan, Phosphor, Selen; Tryptophan

Mit dieser köstlichen Kombination beruhigen Sie jede Art von Darmirritation.

Die alkalisierenden Eigenschaften der Salatgurke neutralisieren die Säure im Darm und lindern durch Blähungen verursachte Bauchschmerzen. Ihre Nährstoffe können darüber hinaus Harnsäure abbauen, die für Nieren- und Blasensteine verantwortlich ist. Sellerie unterstützt die Verdauung und beugt Darmblähungen vor, während die Kiwi eine großzügige Lieferantin von Verdauungsenzymen ist, wenn diese aufgrund unangemessener Ernährung, von Alter, Bewegungsmangel oder der Einnahme von Medikamenten fehlen.

REZEPT

- **1 Salatgurke, grob gewürfelt**
- **4 Stangen Sellerie, grob gewürfelt**
- **2 Kiwis, geschält und grob gewürfelt**

Gurken-, Sellerie- und Kiwiwürfel abwechselnd in den Entsafter geben und entsaften. Umrühren und sofort trinken.

070

Mango, Birne & Aloe vera

Vor einer Mahlzeit schafft dieser Trunk ideale Bedingungen für eine gesunde Verdauung.

Die Mango enthält ein Enzym mit magenstärkenden Eigenschaften und hilft bei Magenübersäuerung und schlechter Verdauung. Mit ihrem hohen Pektingehalt stimuliert die Birne ein träges Verdauungssystem. Seit Jahrhunderten wird der Saft der Aloe vera als Heilmittel verwendet. Er enthält 20 Mineralien, 18 Aminosäuren und 12 Vitamine. Dank der Fähigkeit, das Verdauungsenzym Pepsin freizusetzen, lindert Aloe vera auch Verstopfung und beugt Durchfall vor.

Aloe vera wirkt Wunder bei Erfrierungserscheinungen.

NÄHRSTOFFE

Vitamine B1, B2, B3, B6, C, E, Betacarotin, Folsäure; Calcium, Eisen, Kalium, Kupfer, Magnesium, Mangan, Phosphor, Zink; Aminosäuren; Pektin

REZEPT

- **1 Mango, geschält, entsteint und grob gewürfelt**
- **3 große, reife Birnen, grob gewürfelt**
- **1 EL fertiger Aloe-vera-Saft**

Die Fruchtstücke abwechselnd in den Entsafter geben und entsaften. Den Aloe-vera-Saft einrühren und sofort trinken.

Apfel, Zitrone & Fenchel

NÄHRSTOFFE
Vitamine C, K, Betacarotin, Folsäure; Calcium, Chrom, Eisen, Kalium, Kobalt, Magnesium, Mangan, Natrium, Phosphor, Selen, Silizium, Zink; Bioflavonoide; Apfelsäure; Weinsäure; Zitronensäure; Pektin

REZEPT

4 Äpfel, in Spalten
2 Zitronen, geschält und geviertelt
1 Fenchelknolle, geviertelt

Die Zutaten abwechselnd in den Entsafter geben und entsaften. Umrühren und sofort trinken.

Gönnen Sie sich diesen Saft und helfen Sie Ihrer Verdauung nach einer schweren Mahlzeit.

Die in den Äpfeln enthaltene Apfelsäure und Weinsäure unterstützen die Verdauung, während Zitronensaft eine reinigende Wirkung auf die Leber hat. Die Zitrone regt auch die Bildung von Gallenflüssigkeit an – nach einer schweren Mahlzeit und/oder erhöhtem Alkoholkonsum besonders hilfreich. Fenchel bekämpft Darmkrämpfe und Blähungen. Seine ätherischen Öle verleihen ihm den Anisgeschmack und die verdauungsfördernden Eigenschaften.

072

Ananas, Limette & Süßkartoffel

Dieser kräftige und delikate Saft beruhigt Entzündungen im Verdauungstrakt.

Ananassaft enthält das Enzym Bromelain, das die Ausscheidung von Salzsäure fördert und die maximale Nährstoffaufnahme aus der Limette und der Süßkartoffel sicherstellt. Limettensaft wirkt alkalisierend, lindert Bauchschmerzen sowie Blähungen und reinigt und stimuliert außerdem Leber und Nieren. Süßkartoffeln wirken entzündungshemmend, lindern Geschwüre und regen den Kreislauf an.

NÄHRSTOFFE

Vitamine B1, B2, B6, C, E, Betacarotin, Folsäure; Calcium, Eisen, Kalium, Kupfer, Magnesium, Mangan, Phosphor; Bioflavonoide; Bromelain; Zitronensäure

Eine Ananas ist reif zum Entsaften, wenn sie sich schwer anfühlt und süßlich riecht.

REZEPT

- **1 Ananas, geschält und grob gewürfelt**
- **1 Limette, geschält und geviertelt**
- **1 Süßkartoffel, geschält und grob gewürfelt**

Ananas-, Limetten- und Süßkartoffelstücke abwechselnd in den Entsafter geben und entsaften. Umrühren und sofort trinken.

Kohl, Karotte & Fenchel

NÄHRSTOFFE
Vitamine B1, B2, B6, C, E, K, Betacarotin, Folsäure; Calcium, Chrom, Eisen, Jod, Kalium, Kobalt, Magnesium, Mangan, Natrium, Phosphor, Selen, Silizium, Zink

Verwenden Sie diesen Saft zur Linderung von Magengeschwüren.

Traditionell wird Kohl bei einer Reihe von Verdauungsproblemen empfohlen, unter anderem auch bei Magengeschwüren und Blähungen. Trinken Sie jedoch keine großen Mengen auf einmal, denn zu viel Kohlsaft kann wiederum zu Blähungen und Krämpfen führen. Die antioxidativen Eigenschaften des Betacarotins in der Karotte unterstützen die Bekämpfung von Toxinen, die durch eine träge Verdauung und bakterielle Infektionen entstehen können. Fenchel wirkt stark beruhigend und entzündungshemmend.

REZEPT

¼ mittelgroßer Kohlkopf, grob gewürfelt
3 große Karotten, grob gewürfelt
2 Fenchelknollen, geviertelt

Kohl-, Karotten- und Fenchelstücke abwechselnd in den Entsafter geben und entsaften. Umrühren und sofort trinken.

Zucchini, Salatgurke & Pfefferminze

Zur Beruhigung eines übersäuerten Magens sollte dieses Getränk auf Eis serviert werden.

NÄHRSTOFFE

Vitamine B1, B2, B3, C, Betacarotin, Folsäure; Calcium, Eisen, Kalium, Kieselerde, Magnesium, Mangan, Natrium, Phosphor, Selen, Zink; Tryptophan

Diese Saftmischung enthält reichlich die alkalisierenden Mineralstoffe Kalium und Phosphor, die die Magensäure neutralisieren, Blähungen lindern und ein träges Verdauungssystem in Schwung bringen. Zucchini und Gurken kühlen und haben krampflösende Eigenschaften, während die natürlichen Pfefferminzöle beruhigend und leicht abführend wirken.

REZEPT

1 Handvoll frische Pfefferminze
2 Zucchini, grob gewürfelt
1 Salatgurke, grob gewürfelt

Die Pfefferminzblätter um die Zucchini- und Gurkenwürfel wickeln, abwechselnd in den Entsafter geben und entsaften. Umrühren und sofort trinken.

Verwandeln Sie diesen Saft mit einem Schuss Pimm's in einen perfekten Sommercocktail.

075

Apfel, Preiselbeeren & Pflaume

NÄHRSTOFFE
Vitamine B2, C, K, Betacarotin; Calcium, Eisen, Magnesium, Mangan, Phosphor, Kalium; Bioflavonoide; Apfelsäure; Pektin

Alle drei Früchte in diesem köstlichen Saft enthalten wichtige zellstärkende Flavonoide.

Äpfel sind eine reichhaltige Quelle des Flavonoids Quercetin, des Antioxidans, das gegen freie Radikale wirkt. Als pflanzenchemisches Kraftwerk stecken Preiselbeeren voller Antioxidantien und enthalten ebenfalls Mangan. Dieses Mineral aktiviert die Hyperoxid-Dismutase, ein wichtiges antioxidatives Enzym. Pflaumen sind gute Vitamin-C-Lieferanten und verhelfen zu einem gesunden Immunsystem.

REZEPT

4 Äpfel, in Spalten
4 Pflaumen, entsteint und halbiert
40 Preiselbeeren

Äpfel, Pflaumen und Preiselbeeren abwechselnd in den Entsafter geben und entsaften. Umrühren und sofort trinken.

Kirschen, Pfirsich & Heidelbeeren

Ein Cocktail, der bei den ersten Anzeichen einer Infektion das Immunsystem ankurbelt.

Kirschen enthalten einen hohen Anteil an Melatonin zur Bekämpfung von Toxinen. In Kirschen wurde auch Perillylalkohol nachgewiesen, der mit einer Senkung des Krebsrisikos in Verbindung gebracht wird. Pfirsiche stecken voller Vitamin C, sind aber nur dann zum Entsaften geeignet, wenn sie fest und intensiv gefärbt sind. Vermeiden Sie Früchte mit grünlichen Flecken. Preiselbeersaft ist ein kräftiger Nährstoffpunsch mit einem hohen Vitamin-C-Gehalt und verschiedenen infektionsbekämpfenden Komponenten, einschließlich der Ellagsäure.

NÄHRSTOFFE

Vitamine C, E, Betacarotin, Folsäure; Calcium, Eisen, Kalium, Magnesium, Phosphor, Selen, Zink; Bioflavonoide; Ellagsäure; Melatonin

REZEPT

2 Pfirsiche, entsteint und geviertelt
25 Kirschen, entsteint
25 Heidelbeeren

Die Zutaten abwechselnd in den Entsafter geben und entsaften. Umrühren und sofort trinken.

Frieren Sie das Heidelbeermark in Eiswürfelbehältern ein und aromatisieren Sie damit Ihr Trinkwasser.

Kiwi, Erdbeeren & Trauben

NÄHRSTOFFE
Vitamine B1, B2, B3, B5, B6, C, E, K, Betacarotin, Biotin, Folsäure; Jod, Kalium, Kupfer, Magnesium, Mangan, Zink; Bioflavonoide; Ellagsäure; Flavone; Lutein; Tannine

Erhöhen Sie mit diesem fruchtigen Getränk Ihren Vitamin-C-Spiegel.

Die drei Früchte liefern dem Körper eine infektionshemmende Menge an Vitamin C, mithilfe dessen sich die Dauer einer Erkältung verkürzen kann. Kiwis enthalten den Pflanzennährstoff Lutein, der das Risiko von Krebs-, Herz- und Augenerkrankungen senkt. Sowohl Erdbeeren als auch Trauben sind reich an Ellagsäure, die Karzinogene neutralisieren kann. Die in den Trauben enthaltenen Tannine, Flavone und anderen aktiven Komponenten stimulieren und stärken die Blutgefäße.

REZEPT

3 Kiwis, geschält und grob gewürfelt
15 Erdbeeren, entstielt
25 kernlose Trauben

Kiwiwürfel, Erdbeeren und Trauben abwechselnd in den Entsafter geben und entsaften. Umrühren und sofort trinken.

Mandarine, Mango, Papaya & Granatapfel

Ein exotischer Saft für das Immunsystem.

Neben dem Vitamin C der Mandarinen fügen Mango und Papaya dem Saft noch große Mengen an Betacarotin und Vitamin E hinzu, die beide das Immunsystem stärken. Betacarotin, kombiniert mit anderen Antioxidantien, senkt das Magenkrebsrisiko. Granatäpfel werden seit langem wegen ihrer entzündungshemmenden Eigenschaften geschätzt und enthalten Phytoöstrogene, deren antikarzinogene Wirkung allgemein anerkannt ist.

NÄHRSTOFFE

Vitamine B3, C, E, Betacarotin, Folsäure; Calcium, Eisen, Kalium, Magnesium, Natrium, Phosphor, Silizium

REZEPT

- **3 Mandarinen, geschält und filetiert**
- **1 Mango, geschält, entsteint und grob gewürfelt**
- **1 Papaya, geschält, entkernt und grob gewürfelt**
- **2 Granatäpfel, halbiert**

Mandarinen-, Mango- und Papayastücke abwechselnd in den Entsafter geben und entsaften. Mit einem Holzlöffel die Samen aus den Granatäpfeln lösen, unter den Saft rühren und sofort trinken.

079

Wassermelone, Mango & Heidelbeeren

NÄHRSTOFFE

Vitamine B1, B3, B6, C, E, Betacarotin, Folsäure; Calcium, Eisen, Kalium, Magnesium, Mangan; Bioflavonoide; Lycopin

Ein köstlicher Saft – und gut für das Immunsystem.

Wassermelonen bestehen zu 92 Prozent aus Wasser und enthalten Betacarotin, Vitamin C und das Antioxidans Lycopin zur Neutralisierung freier Radikale. Mango ist reich an zellschützenden Vitaminen und Pflanzennährstoffen, während Heidelbeeren den Körper mit blutreinigenden Flavonoiden versorgen. Noch erfrischender wird der Drink, wenn Sie zuvor etwas Wassermelonensaft in Eiswürfeln einfrieren und anschließend einige von ihnen zufügen.

REZEPT

½ Wassermelone, geschält und grob gewürfelt
1 Mango, geschält, entsteint und grob gewürfelt
20 Heidelbeeren

Wassermelonen- und Mangowürfel abwechselnd mit den Heidelbeeren in den Entsafter geben und entsaften. Umrühren und sofort trinken.

080

Orange, Kiwi, Karotte & Basilikum

Nach einer Krankheit können Sie Ihr Immunsystem mit diesem Saft wieder aufbauen.

Orangen sind bekannt für ihren hohen Vitamin-C-Gehalt, doch sie enthalten darüber hinaus mehr als 170 pflanzliche Nährstoffe und über 60 Flavonoide – allesamt mit immunstärkenden Eigenschaften. Die Kiwi ist reich an Vitamin C wie an Betacarotin und bewahrt die DNA vor Schädigungen. Der Pflanzennährstoff Falcarinol wurde in Karotten nachgewiesen und soll das Krebsrisiko senken. Basilikumblätter enthalten Stoffe, die bestimmte Arten Antibiotika-resistenter, bösartiger Bakterien blockieren können.

Kiwis enthalten viel Inteln, ein Antioxidans, das vor Augenerkrankungen schützt.

NÄHRSTOFFE

Vitamine B1, B3, B5, C, E, K, Betacarotin, Folsäure; Calcium, Chrom, Eisen, Kalium, Kupfer, Magnesium, Mangan; Bioflavonoide; Intein

REZEPT

- **1 Handvoll frische Basilikumblätter**
- **2 Orangen, geschält und filetiert**
- **2 Kiwis, grob gewürfelt**
- **2 große Karotten, grob gewürfelt**

Die Basilikumblätter um die Orangenstücke wickeln, abwechselnd mit Kiwi- und Karottenwürfeln in den Entsafter geben und entsaften. Umrühren und sofort trinken.

081

Beeren-Joghurt-Smoothie

NÄHRSTOFFE
Vitamine A, B2, B3, B5, B6, B12, C, D, E, K, Betacarotin, Folsäure; Calcium, Eisen, Jod, Kalium, Kupfer, Magnesium, Mangan, Phosphor, Zink; Anthocyane; Bioflavonoide; Ellagsäure; Ellagtannine

REZEPT

10 Erdbeeren
25 Himbeeren
25 Heidelbeeren
400 ml Bio-Naturjoghurt

Beeren und Joghurt im Mixer cremig mixen und sofort trinken.

Genießen Sie dieses perfekte Frühstück während einer Genesungsphase oder wann immer Sie sich gegen feste Nahrung entscheiden.

Vitamin C wird für mehr als 300 Prozesse im Körper benötigt, doch durch Rauchen, Umweltverschmutzung und Stress werden die Vorräte schnell aufgebraucht. Alle Beeren sind reich an Vitamin C und anderen Antioxidantien. Diese vernichten die schädigenden freien Radikale, die mit vielen Krankheiten in Verbindung gebracht werden.

Erdbeeren Eine durchschnittliche Portion Erdbeeren versorgt den Körper mit dem Doppelten des täglich empfohlenen Vitamin-C-Bedarfs. Außerdem enthalten Erdbeeren Ellagsäure. Es ist erwiesen, dass diese vor vielen Krankheiten schützt und einige der Toxine abbaut, die sich im Zigarettenrauch und in verschmutzter Luft befinden.

Himbeeren Die delikaten, weichen Früchte sind reich an Ellagtannin und antioxidativen Verbindungen mit antikarzinogenen Eigenschaften, die in dieser Form und Menge nur bei Himbeeren zu finden sind. Das Spurenelement Mangan und das Vitamin C der Himbeeren schützen den Körper darüber hinaus vor Erkrankungen.

Heidelbeeren Unter den Antioxidantien verdankt die Heidelbeere ihren Status als Superbeere den beiden pflanzlichen Nährstoffen Anthocyanin und Ellagsäure. Beide können Krebs im Frühstadium stoppen.

ZUBEREITUNGSTIPPS

- Entstielen Sie die Erdbeeren erst kurz vor dem Entsaften.
- Himbeeren sind sehr empfindlich und müssen mit Vorsicht behandelt werden. Eventuelle Druckstellen gefährden den Nährstoffgehalt.
- Haben Heidelbeeren einen silbrigen Schimmer, ist dies ein Anzeichen für ihre Frische. Die Beeren sollten möglichst rund und dürfen nicht schrumpelig sein.
- Verwenden Sie Joghurt möglichst lange vor dem Verfallsdatum, denn die Anzahl der nützlichen Bakterien verringert sich, je älter der Joghurt ist. Lagern Sie ihn im Kühlschrank und nicht in der Kühlschranktür, denn durch Wärme werden die nützlichen Bakterien ebenfalls zerstört.

Die Heidelbeere stammt ursprünglich aus Nordamerika.

082

Sellerie, Karotte & Zitrone

NÄHRSTOFFE

Vitamine B1, B2, B6, C, K; Betacarotin, Folsäure; Calcium, Chrom, Eisen, Kalium, Magnesium, Mangan, Phosphor, Selen; Bioflavonoide; Zitronensäure

Die Vielzahl der Nährstoffe macht dieses Trio zu einer Waffe im Kampf gegen Infektionen.

Sellerie enthält Kumarine, die die Zellen vor Schäden durch freie Radikale schützen und die Aktivität der weißen Blutkörperchen steigern. Die ebenfalls vorhandenen Acetyl-Enzyme können ein Tumorwachstum stoppen. Karotten sind eine reichhaltige Quelle an Betacarotin, während Zitronen aufgrund ihrer alkalisierenden und antiseptischen Eigenschaften vor allem bei der Behandlung von Halsschmerzen zu empfehlen sind.

REZEPT

6 Stangen Sellerie, grob gewürfelt
2 große Karotten, grob gewürfelt
2 Zitronen, geschält und geviertelt

Sellerie-, Karotten- und Zitronenstücke abwechselnd in den Entsafter geben und entsaften. Umrühren und sofort trinken.

083

Karotte, Zucchini & Koriander

Diese unglaublich gesunden Zutaten stärken das Immunsystem.

Man nimmt an, dass Betacarotin eine Rolle in der Krebsvorsorge spielt. Karotten sind die größten Lieferanten dieses Antioxidans, das schädliche freie Radikale neutralisiert. Karottensaft enthält noch ein weiteres Antioxidans, nämlich Alfacarotin. Zucchini fügen weiteres Betacarotin und Vitamin C hinzu, während Koriander antibiotische Substanzen enthält, die vor Lebensmittelvergiftung schützen können. Aus diesem Grund wird er bereits seit der Antike als Naturheilmittel genutzt.

Schälen Sie die Karotten so dünn wie möglich, denn viele Nährstoffe liegen direkt unter der Haut.

NÄHRSTOFFE

Vitamine C, K, Alphacarotin, Betacarotin, Folsäure; Calcium, Chrom, Eisen, Kalium, Natrium, Magnesium, Phosphor

REZEPT

- **1 Handvoll frische Korianderblätter**
- **4 große Karotten, grob gewürfelt**
- **2 Zucchini, grob gewürfelt**

Die Korianderblätter um die Karotten- und Zucchinistücke wickeln, abwechselnd in den Entsafter geben und entsaften. Umrühren und sofort trinken.

Karotte, Blumenkohl & Kurkuma

NÄHRSTOFFE
Vitamine B1, B2, B3, B5, B6, C, K, Betacarotin, Folsäure; Bor, Calcium, Chrom, Eisen, Kalium, Magnesium, Mangan, Phosphor, Zink; Curcumin; Indole; Tryptophan

Ein würziger Saft mit vielen heilenden Eigenschaften.

Karotten stecken voller immunsystemstärkender Antioxidantien. Blumenkohl enthält Nährstoffe, die zellschädigende Substanzen neutralisieren und das Wachstum von Tumoren bremsen. Das in der Kurkuma enthaltene Curcumin wird traditionell gegen Zahnschmerzen, Blutergüsse, Brustschmerzen und Koliken eingesetzt. Es hat ebenfalls entzündungshemmende Eigenschaften und ist ein kräftiges, vor Toxinen und freien Radikalen schützendes Antioxidans.

Kaufen Sie nur Blumenkohl mit weißen Röschen. Hat er braune Flecken,ist er nicht mehr frisch.

REZEPT

4 große Karotten, grob gewürfelt
½ kleiner Blumenkohl, in Stücke gebrochen
½ TL Kurkumapulver

Karotten- und Blumenkohlstücke abwechselnd in den Entsafter geben und entsaften. Kurkumapulver einrühren und sofort trinken.

Paprika, Zwiebel, Knoblauch & Petersilie

Voller antioxidativer und antibakterieller Wirkstoffe ist dieser Saft Medizin im Glas.

NÄHRSTOFFE
Vitamine B1, B2, B3, B6, C, D, E, Betacarotin, Folsäure; Calcium, Chrom, Eisen, Kalium, Kupfer, Magnesium, Mangan, Phosphor, Schwefel, Selen, Zink; Allicin; Bioflavonoide; Tryptophan

Rote und gelbe Paprika enthalten bis zu viermal mehr Vitamin C als eine Orange. Quercetin wirkt gegen Viren, Bakterien und Entzündungen und ist zu einem hohen Anteil in Zwiebeln enthalten. Wird das Allicin im Knoblauch zerdrückt, verbindet es sich mit Allinase. Der Effekt ist eine antibakterielle Wirkung, vergleichbar der des Penicillins, wenn auch in geringerer Konzentration. Petersilie ist ebenfalls reich an Vitamin C.

REZEPT

1 Handvoll frische Petersilie
2 Paprikaschoten, entkernt und grob gewürfelt
2 Zwiebeln, geschält und in Spalten
2 Knoblauchzehen, geschält

Die Petersilienzweige um die Paprika- und Zwiebelstücke wickeln. Gemüsestücke und Knoblauch abwechselnd in den Entsafter geben und entsaften.

080

Paprika, Tomate, Brunnenkresse & Olivenöl

NÄHRSTOFFE
Vitamine B1, B2, B3, B5, B6, C, D, E, K, Betacarotin, Folsäure; Calcium, Chrom, Eisen, Jod, Kalium, Kupfer, Magnesium, Mangan, Phosphor; Lycopin; Omega-3-Fettsäuren und Omega-6-Fettsäuren; Tryptophan

REZEPT

1 großer Bund Brunnenkresse
1 Paprikaschote, entkernt und grob gewürfelt
4 große Tomaten, in Spalten
1 EL natives Olivenöl extra

Die Blätter der Brunnenkresse um die Paprika- und Tomatenstücke wickeln. Abwechselnd in den Entsafter geben und entsaften. Das Olivenöl unterrühren und sofort trinken.

Dieser scharfe Saft kurbelt das Immunsystem an.

Paprika enthält nicht nur das Antioxidans Betacarotin, sondern auch sehr viel Vitamin C. Das in Tomaten nachgewiesene Carotinoid Lycopin hat starke antikarzinogene Eigenschaften, während die Brunnenkresse Verbindungen enthält, die der Vernichtung gefährlicher freier Radikale dienen. Die Antioxidantien im Olivenöl, beispielsweise Vitamin E und K, stärken den Abwehrmechanismus und können den Ausbruch vieler Krankheiten verhindern.

Tofu-Avocado-Sojamilch-Smoothie

Dank der vielen Proteine und Antioxidantien dient dieses Rezept der Stabilisierung Ihrer Gesundheit.

Die im Tofu enthaltenen Phytoöstrogene können den Östrogenhaushalt regulieren, der zu hormonbedingtem Krebs wie beispielsweise Brustkrebs führen kann. Avocados enthalten Carotinoide und Vitamin E – beide hemmen das Wachstum von Prostatakrebs. Auch die Pflanzennährstoffe der Sojamilch können das Wachstum kleiner Tumore hemmen. Zink beschleunigt die Heilung und spielt eine wichtige Rolle im Schutz vor Infektionen, und Kürbiskerne liefern ausreichend Zink.

Fester Tofu hat einen höheren Fettanteil als die weichen Sorten.

NÄHRSTOFFE

Vitamine A, B1, B2, B3, B5, B6, C, E, K, Betacarotin, Biotin, Folsäure; Calcium, Eisen, Kalium, Kupfer, Magnesium, Mangan, Phosphor, Selen, Zink; Omega-3-Fettsäuren und Omega-6-Fettsäuren; Tryptophan

REZEPT

400 g frischer Tofu
1 Avocado, geschält und entkernt
100 ml Sojamilch
1 EL Kürbiskerne

Tofu, Avocado und Sojamilch in einem Mixer cremig mixen. Mit den Kürbiskernen bestreuen und sofort trinken.

Apfel, Erdbeeren & Limette

NÄHRSTOFFE
Vitamine B2, B3, B5, B6, C, K, Betacarotin, Folsäure; Calcium, Jod, Kalium, Kupfer, Magnesium, Mangan, Phosphor; Anthocyane; Bioflavonoide; Apfelsäure; Zitronensäure; Pektin

REZEPT

4 Äpfel, in Spalten
2 Limetten, geschält und geviertelt
15 Erdbeeren
1 TL Zimtpulver

Apfel- und Limettenstücke abwechselnd mit den Erdbeeren in den Entsafter geben und entsaften. Mit Zimtpulver bestreuen und sofort trinken.

Geschmack und Aroma dieses erfrischenden Saftes verbessern die Laune.

Äpfel enthalten Calcium und Magnesium, was die Biochemie im Gehirn im Gleichgewicht hält. Mithilfe der in Erdbeeren enthaltenen Anthocyane kann das Gehirn besser auf Neurotransmitter reagieren, die für die Stimmung verantwortlich sind. Alle drei Zutaten sind reich an Vitamin C, das die Zusammenarbeit der Botenstoffe im Gehirn unterstützt. Untersuchungen haben gezeigt, dass allein der Zimtgeruch die Gehirnaktivität steigert.

Zimt wird aus der Rinde des Zimtbaumes gewonnen, getrocknet und zur Stange gerollt.

Apfel, Trauben & Heidelbeeren

Genießen Sie diesen Saft und stärken Sie gleichzeitig Ihr Gedächtnis.

Der einfache Zucker in Äpfeln wie auch die B-Vitamine der Trauben fördern die Aufmerksamkeit und steigern die Konzentration. In Studien wurde festgestellt, dass Blaubeeren das Gehirn vor Stress schützen und der altersbedingten Vergesslichkeit vorbeugen. Die Anthocyane, jene großartigen Antioxidantien, denen die Heidelbeeren auch ihre dunkle Färbung verdanken, schützen die Neuronen im Gehirn und stärken so Gleichgewichtssinn, Koordination und Kurzzeitgedächtnis.

NÄHRSTOFFE

Vitamine B1, B3, B6, C, E, K, Betacarotin, Biotin; Calcium, Eisen, Kalium, Magnesium, Mangan, Phosphor, Selen, Zink; Anthocyane; Apfelsäure; Pektin

REZEPT

4 Äpfel, in Spalten
25 kernlose Trauben
25 Heidelbeeren

Apfelspalten, Trauben und Heidelbeeren abwechselnd in den Entsafter geben und entsaften. Umrühren und sofort trinken.

Ananas-Bananen-Kokosmilch-Smoothie

NÄHRSTOFFE

Vitamine B1, B2, B6, C, K, Betacarotin, Folsäure; Calcium, Chrom, Eisen, Kalium, Kupfer, Magnesium, Mangan, Natrium, Phosphor, Selen; Bromelain; Tryptophan

Der Geschmack der Karibik weckt Ihre Geister.

Schlafstörungen und Ruhelosigkeit können zu depressiven Stimmungen führen und werden oft mit Manganmangel in Verbindung gebracht. Ananas und Bananen enthalten Mangan und sind reich an Kohlehydraten, die die Konzentrationsfähigkeit steigern. Kokosmilch ist ein guter Zinklieferant – wesentlich für die geistige Gesundheit. Zink schützt vor vielen Erkrankungen, etwa vor Depressionen, Angstgefühlen oder Magersucht.

REZEPT

1 Ananas, geschält und grob gewürfelt
2 reife Bananen, geschält
300 ml Kokosmilch

Ananas, Bananen und Kokosmilch in einem Mixer cremig mixen und sofort trinken.

109

Bananen-Erdnussbutter-Smoothie

Diesen proteinreichen Energielieferanten für Körper und Geist werden vor allem Kinder lieben.

NÄHRSTOFFE

Vitamine A, B2, B3, B6, B12, C, D, E, K, Betacarotin, Folsäure; Calcium, Chrom, Eisen, Jod, Kalium, Magnesium, Mangan, Natrium, Phosphor, Selen; Tryptophan

Die Kohlehydrate der Bananen stabilisieren den Blutzuckerspiegel, während deren Kaliumanteil die Aufmerksamkeit des Gehirns steigert. Erdnussbutter besteht zu 25 Prozent aus Proteinen, enthält aber auch das Öl Resveratrol, das das Gehirn vor degenerativen Erkrankungen schützen soll. Der anerkannte Energielieferant Milch enthält verschiedene B-Vitamine, darunter auch das für den Energiehaushalt wichtige Vitamin B2 sowie das Vitamin B12, das die Produktion der roten Blutkörperchen ankurbelt, die Konzentrationsfähigkeit steigert und Gedächtnisverlust vorbeugt.

Mehr als 80 Prozent der in der Erdnussbutter enthaltenen Fette sind ungesättigt und gesund – vor allem für das Herz.

REZEPT

2 reife Bananen, geschält
1 EL Erdnussbutter
450 ml Milch

Alle Zutaten in einem Mixer cremig mixen und sofort trinken.

Mango-Sojamilch-Smoothie

NÄHRSTOFFE
Vitamine B1, B2, B3, B6, C, E, Betacarotin, Folsäure; Calcium, Eisen, Kalium, Kupfer, Magnesium, Mangan, Selen, Zink; Omega-6-Fettsäuren; Apfelsäure; Tryptophan

Verhelfen Sie Ihrem Tag mit diesem Frühstückssmoothie zu einem brillanten Start.

Die Mango steckt voller Betacarotin und enthält auch Vitamin B3. Beide fördern die Gesundheit des Gehirns. Das in Soja nachgewiesene Vitamin B6 ist unerlässlich für die Entwicklung der Neurotransmitter, der Botenstoffe des Gehirns. Ein Mangel an Vitamin B6 kann das Gedächtnis sowie die fehlerfreie Verarbeitung von Informationen beeinträchtigen. Sonnenblumenkerne sind eine reichhaltige Quelle an Omega-6-Fettsäuren, ohne die das Gehirn nicht effizient arbeiten kann.

REZEPT

1 Mango, geschält, entsteint und grob gewürfelt
400 ml Sojamilch
1 EL Sonnenblumenkerne

Mango und Sojamilch in einem Mixer cremig mixen. Mit Sonnenblumenkernen bestreuen und sofort trinken.

Aufgrund ihres hohen Eisengehaltes wird die Mango in Indien gegen Anämie eingesetzt.

093

Karotte, Nektarine & Orange

Verbessern Sie Ihre Konzentrationsfähigkeit mit diesem leuchtend orangen Supersaft.

NÄHRSTOFFE
Vitamine B1, B3, B5, C, K, Betacarotin, Folsäure; Calcium, Chrom, Eisen, Kalium, Magnesium, Phosphor; Bioflavonoide

Dieser Drink ist nicht nur randvoll mit dem Antioxidans Betacarotin, sondern auch reich an Folsäure, die die Aufmerksamkeit fördert und das Erinnerungsvermögen steigert. Das Calcium und das Magnesium der Karotten und Nektarinen beruhigen Muskel- und Nervenzellen, wenn sie aufs Äußerste gespannt sind. Die Orange enthält Vitamin B5, das zur Bildung des gedächtnisschärfenden Neurotransmitters Acetylcholin benötigt wird.

REZEPT

3 große Karotten, grob gewürfelt
2 Nektarinen, entsteint und geviertelt
2 Orangen, geschält und filetiert

Karotten-, Nektarinen- und Orangenstücke abwechselnd in den Entsafter geben und entsaften. Umrühren und sofort trinken.

094

Apfel, Salatgurke & Pfefferminze

NÄHRSTOFFE
Vitamine B1, B2, B3, C, K, Betacarotin, Folsäure; Calcium, Eisen, Kalium, Kieselerde, Magnesium, Mangan, Natrium, Phosphor, Selen, Zink; Fruktose; Apfelsäure; Pektin; Tryptophan

Schlecht gelaunt und schlapp? Dieser Saft hilft!

Etwa zehn Prozent eines Apfels bestehen aus stimmungsstabilisierenden Kohlehydraten. Die hochkonzentrierte Fruktose in frischem Apfelsaft wirkt Energieeinbrüchen entgegen, die häufig die Ursache mangelnder Aufmerksamkeit sind. Die Gurke versorgt den Körper mit Magnesium, einem Mineral, das die Bildung der Neurotransmitter im Gehirn unterstützt. Pfefferminze ist ein Zinklieferant und fördert damit die geistige Wachsamkeit und Fitness. Außerdem enthält sie Vitamin B1, mit dessen Hilfe der Gehirn-Kraftstoff Glucose in Energie umgewandelt wird.

REZEPT

1 Handvoll frische Pfefferminze
4 Äpfel, in Spalten
½ Salatgurke, grob gewürfelt

Die Pfefferminzblätter um die Apfel- und Gurkenstücke wickeln, abwechselnd in den Entsafter geben und entsaften. Umrühren und sofort trinken.

095

Brokkoli, grüne Bohnen, Kohl & Sesamöl

B-Vitamine für die kleinen grauen Zellen.

Alle drei Gemüse enthalten B-Vitamine, die für das Erinnerungsvermögen und die Konzentrationsfähigkeit unerlässlich sind. Brokkoli enthält eine lange Liste an Nährstoffen, einschließlich Zink. Letzteres beugt Depressionen, Appetitlosigkeit, Konzentrationsstörungen sowie dem unbestimmten „Gefühl der Leere“ vor. Der Mangangehalt der grünen Bohnen gleicht Stimmungsschwankungen aus. Das im Kohl nachgewiesene Vitamin B6 fördert die Bildung von Neurotransmittern. Der Spritzer Sesamöl fügt nicht nur den besonderen Geschmack hinzu, sondern auch essenzielle Omega-3-Fettsäuren.

NÄHRSTOFFE

Vitamine B1, B2, B3, B5, B6, C, E, K; Calcium, Eisen, Jod, Kalium, Kupfer, Magnesium, Mangan, Phosphor, Zink; essenzielle Omega-3-Fettsäuren; Tryptophan

Rotkohl enthält bedeutend mehr krankheitsvorbeugende Pflanzennährstoffe als Weißkohl.

REZEPT

- **3 Brokkoli, grob gewürfelt**
- **½ mittelgroßer Kohlkopf, grob gewürfelt**
- **25 grüne Bohnen, Enden gekappt**
- **1 TL Sesamöl**

Brokkoli- und Kohlwürfel sowie grüne Bohnen abwechselnd in den Entsafter geben und entsaften. Das Sesamöl einrühren und sofort trinken.

Spargel, Rote Bete & Spinat

NÄHRSTOFFE
Vitamine B1, B2, B3, B6, C, E, K, Betacarotin, Biotin, Folsäure; Calcium, Eisen, Jod, Kalium, Kupfer, Magnesium, Mangan, Phosphor, Zink; Tryptophan

Fünf Stangen Spargel entsprechen einer Portion Gemüse.

Diese „Hirnnahrung“ in flüssiger Form bringt die Kommandozentrale unseres Körpers in Topform.

Selbst im Ruhezustand verbraucht das Gehirn etwa 50 Prozent der aus der Nahrung aufgenommenen Energie – und natürlich noch mehr, wenn es aktiv ist. Die Nährstoffe aller drei Zutaten dieses Saftes halten die Blutgefäße elastisch und sorgen für einen effektiveren Transport der Nervenimpulse zum Gehirn.

Spargel Reich an Vitamin B6, das sowohl prämenstruelle Stimmungsschwankungen reduziert als auch das Erinnerungsvermögen fördert, deckt bereits eine Spargelportion fast

REZEPT

300 g Blattspinat
10 Stangen Spargel, in Stücke geschnitten
3 kleine Rote Bete, grob gewürfelt
1 Prise Cayennepfeffer

Die Spinatblätter um die Spargelstücke und Rote-Bete-Würfel wickeln. Abwechselnd in den Entsafter geben und entsaften. Umrühren, mit Cayennepfeffer bestreuen und sofort trinken.

60 Prozent des täglich empfohlenen Folsäurebedarfs zur Stabilisierung der Gemütslage ab.

Rote Bete Sie ist reich an Folsäure und Magnesium. Beides ist unerlässlich für die Bildung des Neurotransmitters Dopamin. Ein niedriger Dopaminspiegel wird mit einer erhöhten Neigung zu Depressionen in Verbindung gebracht.

Spinat Dank des hohen Eisengehaltes fördert Spinat die Fähigkeit des Blutes, Sauerstoff zu transportieren, und steigert damit Gehirnleistung, Konzentrationsfähigkeit und Erinnerungsvermögen. Außerdem enthält Spinat die Antioxidantien Betacarotin, Vitamin C und Folsäure.

Cayennepfeffer Er fördert den Blutkreislauf und unterstützt die Verdauung.

ZUBEREITUNGSTIPPS

- Spargelstangen sollten rund, dünn und fest sein sowie grünlich oder rötlich schimmernde geschlossene Spitzen haben. Verwenden Sie keinen Spargel mit dicken, holzigen oder geteilten Stangen.
- Stellen Sie den Spargel mit den Schnittseiten nach unten in etwa 2,5 cm tiefes Wasser und lagern Sie ihn im Kühlschrank. So bleibt er lange frisch.
- Blattspinat sollte vor dem Entsaften gründlich gewaschen werden, um Sand und Erde zu entfernen.
- Cayennepfeffer bleibt in einem fest verschlossenen Glas lange frisch, sofern es nicht direktem Sonnenlicht ausgesetzt ist.

Karotte, Porree & Knoblauch

NÄHRSTOFFE
Vitamine B1, B6, C, K, Betacarotin, Folsäure; Calcium, Chrom, Eisen, Kalium, Kupfer, Magnesium, Mangan, Phosphor, Schwefel, Selen; Tryptophan

Dieser köstliche Saft gleicht den Chemiehaushalt im Gehirn und den Hormonspiegel aus.

Das Betacarotin der Karotten ist ein kraftvolles Antioxidans und schützt das Gehirn vor Neurotoxinen. Die natürlichen Schwefelverbindungen im Porree senken den Cholesterinspiegel und verbessern die Blutversorgung des Gehirns. Das in Porree und Knoblauch nachgewiesene Vitamin B6 fördert die Gehirnleistungen und wird in Serotonin, Melatonin und Dopamin umgewandelt – Neurotransmitter, die Hormone und Stimmungen ins Gleichgewicht bringen.

Der Saft schmeckt weniger scharf, wenn gekühlter Knoblauch verwendet wird.

REZEPT

4 große Karotten, grob gewürfelt
1 Porreestange, in Stücke geschnitten
2 Knoblauchzehen, geschält

Karottenwürfel, Porreestücke und Knoblauch abwechselnd in den Entsafter geben und entsaften. Umrühren und sofort trinken.

098

Yamswurzel, Radieschen & Petersilie

Die Radieschen verbinden sich mit der Yamswurzel zu einem perfekt ausbalancierten Saft.

NÄHRSTOFFE
Vitamine B1, B2, B3, B6, C, D, E, Betacarotin, Folsäure; Calcium, Eisen, Jod, Kalium, Magnesium, Mangan, Phosphor, Schwefel, Selen, Zink

Yams ist eine reichhaltige Quelle an Vitamin B6, das für die Verwertung von Fetten und Proteinen unerlässlich ist. Ihr hoher Mangangehalt unterstützt die Umwandlung von Kohlehydraten und versorgt das Gehirn für eine lange Zeit mit diesem Nährstoff. In der fernöstlichen Medizin werden Radieschen seit Jahrhunderten gegen degenerative Hirnerkrankungen eingesetzt. Petersilie fügt noch Vitamin C hinzu, mit dem wir Infektionen bekämpfen, die auf die Stimmung drücken.

REZEPT

1 mittelgroße Yamswurzel, geschält und grob gewürfelt
20 Radieschen
1 Handvoll frische Petersilienzweige

Die Gemüsestücke abwechselnd mit Radieschen und Petersilienzweigen in den Entsafter geben und entsaften. Umrühren und sofort trinken.

660

Radieschen, Salat & Gurke

NÄHRSTOFFE
Vitamin C, Betacarotin, Folsäure; Calcium, Eisen, Jod, Kalium, Kieselerde, Magnesium, Mangan, Phosphor, Schwefel; Tryptophan

Servieren Sie diesen erfrischenden Mix auf Eis.

Aufgrund ihres hohen Calcium- und Magnesiumgehalts steigern Radieschen das Erinnerungsvermögen und die Konzentrationsfähigkeit. Salat besteht zu 95 Prozent aus Wasser, die restlichen fünf Prozent bilden einen wirkungsvollen Nährstoffcocktail. Dieser hat sich gegen Schlaflosigkeit und zur Behandlung von hyperaktiven Kindern als hilfreich erwiesen. Die Salatgurke ist reich an Tryptophan, einer Aminosäure, die für die Produktion des „Glückshormons" Serotonin unerlässlich ist.

Radieschen enthalten Wirkstoffe, die Krebszellen zerstören können.

REZEPT

½ grüner Salatkopf, Blätter abgelöst
10 Radieschen
1 Salatgurke, grob gewürfelt

Die Salatblätter um die Radieschen und Gurkenwürfel wickeln, abwechselnd in den Entsafter geben und entsaften. Umrühren und sofort trinken.

Paprika, Karotte & Olivenöl

Vitamin C und E sind ein gehirnfreundliches Duo zur Steigerung des Erinnerungsvermögens.

NÄHRSTOFFE
Vitamine B1, B2, B6, C, D, E, K, Betacarotin, Folsäure; Calcium, Chrom, Eisen, Kalium, Kupfer, Magnesium, Mangan, Phosphor; Omega-3-Fettsäuren und Omega-6-Fettsäuren; Tryptophan

Eine erhöhte Vitamin-C-Aufnahme, wie sie durch Paprika und Karotten möglich ist, kann depressive Symptome lindern. Vitamin C steigert auch die Effektivität des im Olivenöl nachgewiesenen Vitamins E, das so vor Schädigungen durch freie Radikale schützt. Diese beiden antioxidativen Vitamine werden auch mit einem besseren Gedächtnis in Verbindung gebracht. Die im Olivenöl enthaltenen essenziellen Fettsäuren füttern das Fettgewebe des Gehirns, wodurch wir uns besser fühlen und positiver denken.

REZEPT

2 Paprikaschoten, entkernt und grob gewürfelt
4 große Karotten, grob gewürfelt
1 EL Olivenöl

Paprika- und Karottenwürfel abwechselnd in den Entsafter geben und entsaften. Das Olivenöl unterrühren und sofort trinken.

Beschwerden im Überblick

AKNE

Akne ist eine Hauterkrankung, die meist bei Teenagern auftritt, aber auch bei Erwachsenen vorkommen kann. Sie ist meist hormonell bedingt und bricht aus, wenn die Poren durch Talg oder tote Hautschuppen verstopft werden. Vitamin A und E können die Symptome lindern.

Helfende Säfte

Wassermelone, Pfirsich & Granatapfel (S. 25); Banane-Avocado-Soja-Smoothie (S. 58); Paprika, Karotte & Olivenöl (S. 119)

ARTHRITIS (RHEUMATOIDE)

Rheumatoide Arthritis ist eine Entzündung der Gelenke, die zu Morgensteifheit, Schmerzen, Schwellungen und Rötungen führt. Es gibt Hinweise darauf, dass die antioxidativen Vitamine A und C sowie Selen lindernde Wirkungen haben können.

Helfende Säfte

Brombeeren, Apfel & Ananas (S. 38); Pfirsich, Aprikose & Mango (S. 39); Karotte, Spargel & Zitronengras (S. 78)

ASTHMA

Asthma ist eine Erkrankung, bei der sich die Bronchien krampfartig zusammenziehen, der Luftfluss blockiert und die Atmung erschwert ist. Asthmaanfälle werden durch Allergene wie Staub, Haustiere oder Pollenflug, aber auch durch Infektionen, emotionale Traumata oder körperliche Aktivität ausgelöst. Die verstärkte Einnahme von Antioxidantien kann die Anfälle reduzieren und die Symptome lindern.

Helfende Säfte

Tofu-Himbeeren-Smoothie (S. 56); Kiwi, Erdbeeren & Trauben (S. 94); Paprika, Tomate, Brunnenkresse & Olivenöl (S. 104)

BLASENENTZÜNDUNG

Eine Blasenentzündung entsteht in Folge einer Infektion, Verletzung oder Reizung des Harntraktes. Zu den Symptomen gehören häufiges Wasserlassen – oft mit einem brennenden Gefühl – und ein ziehender Schmerz im Unterbauch. Zu den wirksamen Helfern gehören Preiselbeersaft und Weizengras.

Helfende Säfte

Kohl, Karotte & Preiselbeeren (S. 14); Kürbis, Rosenkohl &

Weizengras (S. 47); Preiselbeeren, Joghurt und Goji-Beeren (S. 71)

DEPRESSIVE VERSTIMMUNG

Ein anhaltendes Gefühl des Unglücklichseins kann überwältigend wirken und zu Hoffnungslosigkeit und Angstgefühlen führen. Die Wahl von Nahrungsmitteln mit einem hohen Gehalt an essenziellen Fettsäuren und B-Vitaminen kann die Symptome lindern.

Helfende Säfte

Avocado, Pflaume & Birne (S. 45); Tofu, Blaubeeren & Hanföl (S. 75); Brokkoli, grüne Bohnen, Kohl & Sesamöl (S. 113)

EKZEM

Diese Hautentzündung verursacht Jucken, Rötungen, schuppige und trockene Stellen, die überall am Körper auftreten können. Häufige Ursachen sind Nahrungsmittelallergien und Stress. Versuchen Sie, die Symptome zu lindern, indem Sie vermehrt die Vitamine A, B3, C und E zu sich nehmen.

Helfende Säfte

Brunnenkresse-Joghurt-Smoothie (S. 37); Karotte, Salatgurke, Oliven & Basilikum (S. 76); Preiselbeeren-Banane-Joghurt-Smoothie (S. 85)

ERKÄLTUNG

Als Infektion der oberen Atemwege hat eine Erkältung mehrere Symptome, wie Niesen, eine laufende oder verstopfte Nase, Halsschmerzen und generelles Unwohlsein. Wirkungsvolle Heilmittel enthalten Vitamin C, Zink und Allicin (Wirkstoff im Knoblauch) – alle drei Stoffe haben infektionshemmende Eigenschaften.

Helfende Säfte

Grapefruit, Honig, Zitrone & Ingwer (S. 28); Orange, Kiwi & Spinat (S. 48); Karotte, Porree & Knoblauch (S. 116)

FETTSUCHT

Wenn der Körper überschüssige Energie in Form von Fett einlagert und das Körpergewicht das empfohlene Idealgewicht um mehr als 20 Prozent übersteigt, spricht man von Fettsucht. Trinken Sie Säfte mit einem hohen Chromgehalt, um den Blutzuckerspiegel zu stabilisieren. Einige Lebensmittel, wie etwa die Grapefruit, unterstützen außerdem die Fettverbrennung.

Helfende Säfte

Grapefruit, Melone & Himbeeren (S. 26); Brunnenkresse-Joghurt-Smoothie (S. 37); Bananen-Eisjoghurt-Ingwer-Smoothie, (S. 84); siehe auch Schlankmacher (S. 22–37)

HAARAUSFALL

Durchschnittlich verliert der Mensch 150 Haare am Tag, doch Stress, der Alterungsprozess sowie erbliche oder hormonelle Faktoren können den Haarausfall steigern und zu dünnem Haar oder gar zur Kahlheit führen. Zinkhaltige Nahrungsmittel können das Haarwachstum wieder anregen.

Helfende Säfte

Tofu-Himbeeren-Smoothie (S. 56); Apfel, Johannisbeeren & Assai-Beeren (S. 66); Ananas, Orange & Kokosnuss (S. 73)

HERPES SIMPLEX

Der Fieberbläschen verursachende Virus entwickelt sich aus der Aminosäure Arginin, die in Schokolade und Nüssen vorhanden ist. Mithilfe von zinkhaltigen Nahrungsmitteln und viel Vitamin C können akute Fieberbläschen schneller abheilen.

Helfende Säfte

Apfel, Trauben & Granatapfel (S. 23); Brunnenkresse, Rukola & Tomate (S. 36); Paprika, Zwiebel, Knoblauch & Petersilie (S. 103)

HERZERKRANKUNGEN

Eine der Hauptursachen für Herzerkrankungen ist der Arterienverschluss durch Cholesterin oder andere Ablagerungen. Dies kann man durch eine ballaststoffreiche Ernährung mit einfach ungesättigten Fettsäuren wie beispielsweise Olivenöl vermeiden. Studien haben gezeigt, dass flavonoide Pflanzenöle den Cholesterinspiegel senken.

Helfende Säfte

Tomate, Sellerie, Knoblauch & Basilikum (S. 35); Avocado, Pflaume & Birne (S. 45); Papaya, Aprikose & Blaubeeren (S. 81)

HEUSCHNUPFEN

Als allergische Reaktion auf Reizungen aus der Luft, wie Gras-, Baum- oder Blütenpollen, Staub und Tierfell, führt Heuschnupfen zu einem Anschwellen der Nasenschleimhäute. Die Allergene regen die Produktion von Antikörpern an, wodurch Histamine freigegeben werden – und genau diese lösen die allergische Reaktion aus. Es hat sich gezeigt, dass Vitamin C und die Aminosäure Quercetin die Symptome lindern.

Helfende Säfte

Tomate, Zwiebel & Zitrone (S. 20); Brombeeren, Apfel & Ananas (S. 38); Avocado, Brokkoli & Pak Choi (S. 65); Apfel, Preiselbeeren & Pflaume (S. 92)

INFERTILITÄT

Der Begriff „unfruchtbar" wird für Paare verwendet, die bereits 18

Monate ungewollt kinderlos sind. Eine Ernährung mit zinkhaltigen Nahrungsmitteln und eine gesteigerte Zufuhr essenzieller Fettsäuren sowie der Vitamine B6 und E haben sich hier als hilfreich erwiesen.

Helfende Säfte

Paprika, Karotte, Salat & Alfalfasprossen (S. 51); Paprika, Tomate, Brunnenkresse & Olivenöl (S. 104); Mango-Sojamilch-Smoothie (S. 110)

KANDIDOSE

Die auch als Soor bezeichnete Infektion wird durch den Pilz *Candida albicans* verursacht. Medikamente (vor allem Antibiotika, Steroide und Immunsuppressiva), Stress oder schlechte Ernährung können die krankhafte Vermehrung dieses Pilzes verursachen. Vaginalpilz führt zu abnormem Ausfluss, Entzündungen und Schmerzen. Sie können die nützlichen Bakterien mit Bio-Joghurt stärken und Ihr Immunsystem mit Knoblauch.

Helfende Säfte

Brombeeren-Joghurt-Smoothie (S. 27); Tomate, Stangensellerie, Knoblauch & Basilikum (S. 35); Brunnenkresse-Joghurt-Smoothie (S. 37)

KREBS

Diese chronische Erkrankung kann überall im Körper auftreten und wird durch abnormes Zellwachstum charakterisiert. Eine nährstoffreiche Diät mit vielen Antioxidantien kann das Krebsrisiko senken und sogar das Wachstum von Tumoren bremsen.

Helfende Säfte

Rote Bete, Grapefruit & Limette (S. 15); Beeren-Joghurt-Smoothie (S. 98); Karotte, Blumenkohl & Kurkuma (S. 102)

MIGRÄNE

Verbunden mit oft nur einseitigen, pochenden Kopfschmerzen kann eine Migräne den Körper entkräften und bis zu zwei Tagen anhalten. Die Vermeidung anregender Lebensmittel wie Kaffee, Käse oder Rotwein kann ebenso hilfreich sein wie eine vermehrte Aufnahme der Vitamine B5, C und E.

Helfende Säfte

Salatgurke, Stauden & Brokkoli (S. 19); Apfel, Kirschen & Blaubeeren (S. 52); Spargel, Rote Bete & Spinat (S. 114)

POLYZYSTISCHES EIERSTOCKSYNDROM (PCOS)

PCOS ist die Umschreibung einer hormonellen Stoffwechselstörung. Ihre Folgen sind unregelmäßige Perioden, Verlust des Körperhaares und Gewichtszunahme. Es wird vermutet, dass Lebensmittel mit einem niedrigen glykämischen Index sowie essenzielle Fettsäuren die Symptome lindern können.

Helfende Säfte

Apfel, Karotte & Nachtkerzenöl (S. 74); Tofu-Avocado-Sojamilch-Smoothie (S. 105); Yamswurzel, Radieschen & Petersilie (S. 117)

PRÄMENSTRUELLES SYNDROM (PMS)

PMS umschreibt eine ganze Reihe psychischer und physischer Symptome, unter denen viele Frauen ein bis zwei Wochen vor der Menstruation leiden. Als Ursache wird ein hormonelles Ungleichgewicht vermutet. Folgende Nährstoffe werden als hilfreich angesehen: Nachtkerzenöl, Magnesium und Vitamin B6.

Helfende Säfte

Wassermelone, Pfirsich & Granatapfel (S. 25); Apfel, Karotte & Nachtkerzenöl (S. 74); Avocado-Sojajoghurt-Nori-Smoothie (S. 79)

REIZDARMSYNDROM

Diese Erkrankung wird durch wiederkehrende Bauchschmerzen sowie Durchfall und Verstopfung im Wechsel charakterisiert. Sie kann auch zu Gewichtsverlust und einer geringen Nährstoffaufnahme führen. Wählen Sie Nahrungsmittel mit einem hohen Antioxidantien-Gehalt und entzündungshemmenden Wirkstoffen, wie Ananas, Erdbeeren, Kirschen oder Süßkartoffeln.

Helfende Säfte

Karotte, Zitrone & Leinöl (S. 18); Erdbeeren, Kirschen & Passionsfrucht (S. 68); Ananas, Orange & Kokosnuss (S. 73)

SCHLAFLOSIGKEIT

Schlaflosigkeit oder Störungen im Schlafrhythmus können viele Ursachen haben. Dazu gehören psychischer Stress, Schmerzen, Koffeinmissbrauch, Nahrungsmittelallergien, Alkohol und Drogen. Eine Kombination aus Magnesium und Calcium kann den Schlafrhythmus wieder regulieren. Die Aminosäure Tryptophan ermöglicht die Entspannung und fördert den Schlaf.

Helfende Säfte

Avocado, Pflaume & Birne (S. 45); Bananen-Datteln-Aprikosen-Joghurt-Smoothie (S. 57); Zucchini, Salat & Petersilie (S. 63)

Glossar

VITAMINE

Vitamin A und Betacarotin (Provitamin A) Ein fettlösliches Vitamin, das als Retinol in Tierprodukten und als Carotinoid in Pflanzen enthalten ist; notwendig für Gesundheit von Haut und Augen.

B1 (Thiamin) In alle wichtigen Stoffwechselprozesse involviert und wirkungsvoll zur Behandlung von nervösen Störungen.

B2 (Riboflavin) Unterstützt die Umwandlung von Zucker in Energie und hält Haut, Haar und Nägel gesund.

B3 (Niacin) Beteiligt bei der Umwandlung von Zucker, Fetten und Proteinen, hilfreich für eine klare, gesunde Haut.

B5 (Pantothensäure) Liefert Energie und ist beteiligt an der Bildung von Antikörpern für eine effektive Immunreaktion.

B6 (Pyridoxin) Notwendig für die Bildung von Antikörpern und weißen Blutkörperchen zur Bekämpfung von Infektionen.

B9 (Folsäure) Nützlich für ein gesundes Herz und in der Frühschwangerschaft, um einer *Spina bifida* (Neuralrohrfehlbildung) beim Neugeborenen vorzubeugen.

B12 (Cobalamin) Unerlässlich für ein gesundes Nervensystem; steigert Erinnerungsvermögen und Konzentrationsfähigkeit.

Biotin (Vitamin H) Steigert Verbrennung und Stoffwechsel von Fetten und verzögert das Ergrauen der Haare.

Vitamin C Wasserlösliches Antioxidans, das schädigende freie Radikale neutralisiert und das Immunsystem stärkt.

Vitamin D In Tierprodukten enthalten und wird von der Haut im Sonnenlicht produziert; gut für gesunde Knochen.

Vitamin E Fettlösliches Antioxidans, das schädigende freie Radikale neutralisiert, den Hormonspiegel ausgleicht und Hauterkrankungen lindert.

Vitamin K Notwendig für Blutgerinnung und Wundheilung.

MINERALIEN

Calcium Schützt vor Osteoporose und Schlaflosigkeit, nützlich zur Vorbeugung und Behandlung von Herzerkrankungen.

Chrom Unerlässlich für einen ausgeglichenen Blutzucker- und Cholesterinspiegel.

Eisen Fördert einen erholsamen Schlaf, steigert die Energie und stärkt das Immunsystem.

Jod Fördert einen gesunden Stoffwechsel und beugt Schilddrüsenerkrankungen vor.

Kalium Aktiviert die Enzyme zur Energieproduktion und stabilisiert den Wasserhaushalt in den Zellen.

Kieselerde Erhält die Gesundheit von Knochen, Haut und Bindegewebe.

Kupfer Schützt vor Herzerkrankungen; wichtig für die Bildung von Kollagen in der Haut.

Magnesium Notwendig für Hormonhaushalt, Energieproduktion und Zellerneuerung.

Mangan Unerlässlich für gesunde Hirnfunktionen und stabile Nerven.

Phosphor Unterstützt die Bildung von Knochen und Zähnen, vertreibt Müdigkeit.

Schwefel Wirkt entgiftend; nützlich bei Verdauungsstörungen und Hauterkrankungen.

Selen Regt das Immunsystem an und hält Augen, Haut und Haare gesund.

Silizium Beugt Osteoporose vor und erhält die Gesundheit von Knochen, Haut und Nägeln.

Zink Fördert Immunsystem und Fruchtbarkeit; nützlich zur Behandlung von Haarausfall, Hauterkrankungen und nachlassender Sehstärke.

ANDERE

Acidophilus Nützliches Bakterium im Bio-Joghurt.

Adstringens Verengt Blutzellen oder Membrane, um Reizungen oder Schwellungen zu lindern.

Allicin Aktiver Wirkstoff in Knoblauch und Zwiebeln mit antibakteriellen und antimykotischen Eigenschaften.

Aminosäuren Verbindungen, die der Körper selbst bildet oder über die Nahrung aufnimmt; beteiligt an verschiedenen Prozessen, wie etwa der Bildung von Neurotransmittern im Gehirn.

Anthocyane Dunkelrote antioxidative Pigmente, die den Blutfluss fördern.

Antioxidantien Beugen Zelldegeneration und -alterung vor.

Apfelsäure Unterstützt den Körper bei der effizienten Verwertung von Energie.

Ätherische Öle In Kräutern und Gewürzen enthaltene bioaktive Fettsäuren.

Betacyanin Pflanzenfarbstoff der Roten Bete.

Bromelain Ein Enzym zur Unterstützung der Proteinverwertung.

Carotinoid Gelb- bis orangefarbenes Pflanzenpigment, vor allem Betacarotin, das der Körper in Vitamin A umwandelt.

Chlorophyll Grünes Pflanzenpigment mit antikarzinogenen Eigenschaften.

Cholesterin Wachsartige Substanz in roten Blutkörperchen.

Diuretikum Steigert die Urinproduktion.

Einfach ungesättigtes Fett Gesündeste Fettart, die auch den Cholesterinspiegel senken kann.

Ellagsäure In Beeren enthaltene, antikarzinogene Substanz.

Enzyme Komplexe, in den Zellen gebildete Proteine zum Auslösen biochemischer Reaktionen.

Essenzielle Fettsäuren Fettsäuren, die für den Organismus unerlässlich sind.

Flavonoide Immunsystemstärkende, entzündungshemmende Antioxidantien.

Freie Radikale Schädigende Moleküle, die als Nebenprodukte des Stoffwechsels oder durch Umweltfaktoren entstehen.

Fruktose In Honig und Früchten enthaltener einfacher Zucker.

Galle Von der Leber abgesonderte Flüssigkeit zur Unterstützung der Fettverdauung.

Gamma-Linolensäure Für ein starkes Immunsystem und die Gesundheit von Blut, Haut und Nerven wichtige Omega-6-Fettsäure.

Glucose Monosaccharid, einfacher Zucker.

Glykämischer Index (GI) Klassifiziert Nahrungsmittel entsprechend ihrer Wirkung auf den Blutzucker – Lebensmittel mit einem hohen glykämischen Index lassen den Blutzucker schneller steigen als jene mit einem niedrigen Index.

Glykämische Last (GL) Klassifiziert Nahrungsmittel entsprechend ihrer Wirkung auf den Blutzucker sowie Menge und Art der Kohlehydrate.

Indole Pflanzenstoffe mit antikarzinogenen Eigenschaften.

Insulin Hormon zur Regulierung des Blutzuckerspiegels.

Isoflavone Verbindungen, die die Wirkung des Hormons Östrogen imitieren und so das hormonbedingte Krebsrisiko senken können.

Karzinogene Verbindungen, die Krebs verursachen können.

Kollagen Unerlässliches Protein für die Bildung von Knochen, Zähnen, Haut und Bindegewebe.

Kumarine Chemische Stoffe mit natürlichen, blutverdünnenden Eigenschaften, die das Krebsrisiko senken können.

Lactobacillus Nützliches Darmbakterium zur Stärkung des Immunsystems; in Milchprodukten enthalten.

Laktoseintoleranz Unfähigkeit zur Verdauung von Laktose, einem in Tiermilch enthaltenen natürlichen Zucker.

Laxativ Substanz zur Förderung der Darmentleerung.

Limonin Antikarzinogener Inhaltsstoff von Zitrusfrüchten.

Lutein Für die Gesundheit der Augen wichtiges antioxidatives Carotinoid.

Lycopin Antioxidatives Carotinoid, enthalten in roten Pigmenten.

Melatonin Hormon mit antioxidativen Eigenschaften; reguliert den Schlafrhythmus.

Papain In der Papaya enthaltenes Enzym, das die Proteinverwertung unterstützt.

Pektin Löslicher Ballaststoff, unterstützt die Verdauung und beugt Herzerkrankungen vor.

Pflanzennährstoff Nährstoff pflanzlichen Ursprungs.

Phytoöstrogen Pflanzenstoffe mit östrogenähnlichen, aber schwächeren Wirkungen.

Polyphenole Antikarzinogene Wirkstoffe pflanzlichen Ursprungs.

Prostaglandine Den Hormonen ähnelnde Substanzen mit positiven Wirkungen auf das Nerven-, Herz-Kreislauf- und Verdauungssystem.

Quercetin In Zwiebeln enthaltenes und entzündungshemmendes Flavonoid.

Stoffwechsel Im Körper ablaufender Prozess zur Umwandlung von Nahrung in Energie.

Tannine Adstringierende Substanzen mit antibakteriellen Eigenschaften.

Register

Anmerkung der Autorin
Ich danke meinen drei Söhnen – Harry, Jonah und Luke – für ihre Hilfe und ihre Umarmungen. Großer Dank auch an meinen Mann Anthony für seinen Tee, seine Liebe und seine Unterstützung.